河南省高等教育教学改革研究与实践 2024 年度项目（2024SJGLX0539）
中国工程科技发展战略河南研究院 2025 年战略咨询研究项目（2025HENZDA04）
河南牧业经济学院教育教学改革研究与实践项目（2024XJJYXM4）

黄河之梦：从风沙洪滩到幸福河畔

梅星星　著

河南大学出版社
HENAN UNIVERSITY PRESS

·郑州·

图书在版编目（CIP）数据

黄河之梦：从风沙洪滩到幸福河畔 / 梅星星著.
郑州：河南大学出版社，2025.2. -- ISBN 978-7-5649-6263-0

Ⅰ．X321.22

中国国家版本馆CIP数据核字第202553RT43号

黄河之梦：从风沙洪滩到幸福河畔
HUANG HE ZHI MENG: CONG FENGSHA HONGTAN DAO XINGFU HEPAN

责任编辑	陈　炜
责任校对	陈晓林
装帧设计	郭　灿

出版发行	河南大学出版社
	地址：郑州市郑东新区商务外环中华大厦2401号　邮编：450046
	电话：0371-86059752（大众文化出版中心）
	0371-86059701（营销部）　　　网址：hupress.henu.edu.cn
排　版	河南大学出版社设计排版中心
印　刷	郑州最美印务有限公司
版　次	2025年2月第1版
印　次	2025年2月第1次印刷
开　本	710 mm×1010 mm　1/16
印　张	13.25
字　数	224千字
定　价	45.00元

（本书如有印装质量问题，请与河南大学出版社联系调换。）

前　　言

黄河下游两岸的黄河滩区是一片特殊的土地。据河南、山东两省统计，黄河下游滩区总面积约3818平方千米，包括1954个村庄。黄河滩区不仅是黄河宣泄、滞蓄洪水的通道以及我国黄淮海平原的生态屏障，也是黄河滩区群众生产生活的重要场所，具有防洪安全和生产发展的多种功能。黄河滩区不佴面积大，而且关乎190万群众的生存，黄河泛滥是一个责任大于天、任何人都不能轻视的社会问题。

然而，黄河存在泛滥以致改道造成严重损失的风险。有历史记载，自公元前602年至1938年的2540年中，黄河下游发生决口泛滥1590多次。有文字记载的黄河下游河道，大体经河北，由今子牙河道至天津附近入海，称为"禹河故道"。从公元前602年黄河第一次大改道至公元1855年改走现行河道期间，每次决口泛滥都损失惨重。1933年下游决口54处，受灾面积1.1万多平方千米，受灾人口达360多万；1938年国民党军队扒开郑州东北花园口黄河大堤，造成约5.4万平方千米的黄泛区，致使千百万人流离失所，淹死89万人。

此外，据不完全统计，1950—2004年，黄河滩区出现44次漫滩，平均每1.23年就有一次。频繁的黄河水灾使得黄河滩区保种不保收，灾情一旦显现，当地群众定损失惨重。在此期间，黄河滩区洪涝灾害最严重的是1958年、1976年、1982年和1996年。2003年，黄河兰考段曾经发生2次决口，造成下游河南兰考、山东东明的114个村庄受灾，约12万群众被洪水围困；洪水直冲黄河大堤，偎堤行洪90多千米，洪水对黄河大堤的安全构成威胁。

当时，胡锦涛总书记、温家宝总理、回良玉副总理分别作出重要批示，回良玉副总理还亲临蔡集控导工程和抢堵决口现场，检查指导抢险工作，慰问抢险军民和受灾群众。同时，河南省委书记李克强和省长李成玉等地方领导多次作出批示和指示，并亲临一线督查组织指挥抢险。面对洪水肆虐，党中央和地方政府也都及时作出决定，采取及时有效的抗洪救灾措施。然而，黄河滩区受灾群众依然损失惨重，尤其是群众对生产、生存的信心备受打击。

从古至今，黄河下游"二级悬河"举世闻名，同时因为历史、自然、政策等因素的制约，黄河滩区的发展长期滞后，造成黄河滩区集中连片贫困，成为区域发展的"短板和洼地"。居民的生产空间是以传统的小麦、玉米等种植业为主，产业结构单一，为居民带来的经营性收入低；居民的生活空间受国家有关防洪法律法规的限制，交通、水利、电力等基础设施薄弱，教育、医疗、文化等公共服务滞后，居住条件差，宜居水平较低；黄河滩区生态空间因存在滞洪沉沙与居民生活生产的矛盾，生态较难保护。为统筹布局黄河滩区生产、生活、生态布局，在党中央、国务院和历届省委、省政府的高度重视下，河南、山东探索出一条既能保障黄河长治久安又能使黄河滩区居民脱贫致富的有效之路——"黄河滩区居民迁建工程"。

黄河滩区具有一定的特殊性，既是我国黄淮海平原的生态屏障、滞洪沉沙的场所，也是190万滩区居民生产、生活的基本空间。不论是历史上哪个朝代统治者，还是新中国成立后党和国家领导人，都十分重视黄河安澜以及流域居民的生活、生产。2019年9月18日，习近平总书记在郑州主持召开黄河流域生态保护和高质量发展座谈会并发表重要讲话，指出黄河流域生态保护和高质量发展上升为国家战略，要坚持绿水青山就是金山银山的理念，以水而定、量水而行，着力加强生态保护治理、保障黄河长治久安、促进全流域高质量发展、改善人民群众生活、保护传承弘扬黄河文化，让黄河成为造福人民的幸福河。可以看出，黄河滩区居民迁建工程几乎汇聚了居民生产、生活、生态空间统筹布局，乡村全面振兴，高质量发展等所有的新时代元素。基于居民迁建的视角，分析黄河滩区生产、生活、生态空间的统筹和协调发展是贯彻落实习近平总书记重要指示，推进黄河流域生态保护和高质量发展的重大课题，也是继续实施居民迁建必须着力解决的重大现实问题。

从2015年开始,为探索一条既能保障黄河长治久安又能从根本上解决滩区百姓脱贫致富的有效之路,河南、山东实施了黄河下游滩区居民迁建工程,涉及90多万人口。为研究这一具有鲜明特点又有国家千年意义的滩区提升治理模式,本书以黄河滩区居民迁建为切入点,面向推进乡村全面振兴、黄河流域生态保护和高质量发展等战略实施的重大需求,历时5年对河南9个县(市、区)和山东17个县(市、区)滩区居民外迁、筑村台安置等迁建情况进行实地调研,以期系统调查和实证分析滩区居民迁建情况及滩区资源有效利用模式,为推进黄河滩区生态保护与高质量发展等工作提供决策参考。

目　录

第一篇　理论探讨 ·· 001

第1章　绪论 ·· 003
1.1　研究背景及意义 ·· 003
1.2　研究目的及思路 ·· 006
1.3　研究内容与方法 ·· 009
1.4　黄河滩区特征 ·· 011
1.5　理论基础及概念界定 ·· 014

第2章　居民搬迁典型案例及经验启示 ································ 027
2.1　黄河流域滩区移民迁安模式及启示 ································ 027
2.2　山区居民迁建案例分析及经验启示 ································ 034
2.3　南水北调丹江口库区居民搬迁案例分析及经验启示 ·············· 037
2.4　国外居民搬迁案例分析及经验启示 ································ 039

第3章　黄河滩区居民迁安模式与差异性分析 ························ 042
3.1　黄河滩区居民易地安置模式 ·· 042
3.2　黄河滩区居民就地安置模式 ·· 049
3.3　滩区迁建与区域发展关系 ·· 052

第4章　黄河滩区居民迁安与国家战略契合理论探讨 ················ 055
4.1　滩区居民迁安推动乡村全面振兴 ··································· 055
4.2　滩区居民迁安促进黄河流域生态保护和高质量发展 ·············· 058
4.3　滩区居民迁安促进乡村居民共同富裕战略目标实现 ·············· 061

第二篇　实证研究 ·· 065

第5章　黄河滩区居民迁安工程实施情况 ·· 067
5.1　山东省黄河滩区居民搬迁工程实施情况 ·· 067
5.2　河南省黄河滩区居民迁安工程实施情况 ·· 072

第6章　黄河滩区居民搬迁意愿分析——以河南省为例 ·································· 086
6.1　调研说明 ·· 086
6.2　搬迁后意愿分析 ·· 094
6.3　搬迁与安置类型选择 ·· 100

第7章　黄河滩区资源开发模式分析 ·· 102
7.1　规模种植模式——以长垣和平阴县为例 ·· 102
7.2　农牧结合模式——以兰考县和濮阳县为例 ··· 104
7.3　设施农业模式——以台前县和平阴县为例 ··· 112
7.4　田园综合体模式——以范县陈庄镇为例 ·· 113
7.5　水生种养模式——以祥符区和范县为例 ·· 114
7.6　模式比较及经验总结 ·· 116

第8章　黄河滩区居民迁建困境及迁后协调发展分析 ······································· 118
8.1　调研概况 ·· 118
8.2　黄河滩区居民迁建困境及成因 ··· 119
8.3　居民搬迁前后心理感知对比分析 ·· 121
8.4　搬迁后居民生产情况调查分析 ··· 123
8.5　搬迁后居民生活空间调查分析 ··· 129
8.6　搬迁后居民生态空间调查分析 ··· 131
8.7　本章小结 ·· 131

第三篇　典型案例与结论建议 ·· 133

第9章　兰考蜜瓜现代农业产业园助推乡村全面振兴 ····································· 135
9.1　区域概况 ·· 135
9.2　现代农业产业园概况 ·· 136
9.3　现代农业产业园建设优劣势 ·· 144
9.4　现代农业产业园助力乡村全面振兴实现路径 ·· 149
9.5　营运机制分析 ··· 157

9.6 效益分析 ·· 162

第 10 章 武陟县农村三产融合促进乡村产业高质量发展 ········· 164
10.1 区域概况 ··· 164
10.2 农村三产融合示范园概况 ·· 167
10.3 农村三产融合示范园优劣势分析 ······································· 174
10.4 农村三产融合示范园促进共同致富的实现路径 ···················· 178
10.5 营运分析 ··· 181
10.6 效益分析 ··· 183

第 11 章 研究结论与政策启示 ··· 185
11.1 研究结论 ··· 185
11.2 政策启示 ··· 189

参考文献 ··· 198

后　　记 ··· 200

第一篇　理论探讨

第1章 绪论

1.1 研究背景及意义

1.1.1 研究背景

"黄河宁，天下平"，从古至今，黄河中下游水灾隐患就是滩区百姓生产、生活的最大威胁，由此也造成黄河滩区生存环境特殊，产业结构单一，滩区群众的家庭财产缺乏安全保障，自我发展困难。因此，不论是1962年的兰考县委书记焦裕禄，还是2003年前后的河南省委、省政府，都暗自下定决心，无论付出什么样的代价，也一定要把黄河滩区群众生产、生活问题解决到位。

政府出台多项政策文件都是和黄河发展相关的。黄河下游滩区一直被作为洪水期滞洪沉沙的区域使用，然而，在黄河滩区蓄滞洪水后，受淹的耕地、倒塌的房屋却得不到应有补偿。此外，《河南省黄河河道管理办法》（1992年颁布）和《中华人民共和国防洪法》（1997年公布，2009年修正，2015年修正，2016年修正）等法律法规规定，滩区内禁止种植阻碍行洪的林木和高秆作物，无形中也限制黄河滩区经济发展。同时，黄河滩区群众不能，也不敢进行较大规模的农业经济发展。为此，国务院于2006年出台了《国务院关于完善大中型水库移民后期扶持政策的意见》，决定对纳入扶持范围的移民每人每年补助600元。但是，相关补偿和补助并没有及时落实到每一位滩区百姓，而且滩区群众每年还要自行投入人力、物力、财力来维持基本生存的土地，还要义务参加防汛排涝的活动。由于政策不配套，黄河滩区群众为防洪安全做出巨大贡献的同时，针对受淹后经济补偿方面，国家在政策上却没有明确规定，忽视了滩区群众的利益保护和滩区人民的长远发展，也使滩区经济与其他地区的差距越拉越大。长此以往，黄河滩区成为集中连片的贫困地区之一和全面建成小康社会目标的"短板地区"。

党中央、国务院多次出台相关政策文件，尤其要花大力气、下大功夫推动地处"三山一滩"贫困县脱贫致富。习近平总书记自2009年以来，多次考察贫困县兰考，为黄河滩区贫困居民迁建、脱贫工作作出重要部署。此外，2017年5月，李克强总理考察河南和山东黄河滩区居民迁建工作，作出详细指示，一定要实现保障黄河安全与滩区发展的双赢目标。为了解决黄河滩区百姓防洪安全，解决黄河滩区百姓脱贫致富问题，2018年3月河南省开始施行最新的《河南省黄河河道管理办法》，专门设置了第四章"滩区居民迁建"特别章节，规定滩区百姓迁出后的滩区土地可以依法进行流转，在不影响黄河行洪、滞洪、沉沙的前提下，促进土地规模化经营，发展生态、休闲农业，这为滩区居民迁建工作提供了基本遵循，可进一步贯彻落实党中央、国务院指示精神。

如今脱贫攻坚已取得决定性胜利，如何让黄河滩区仍处于风险区的群众有序、快速迁至安全生产生活区，如何使黄河下游两岸、干支流的滩区生态环境在得到有效保护的同时也使有限资源得以高效、集约利用，怎么做才能统筹滩区迁建与乡村全面振兴的内在要求有机契合，同步推进基础设施配套、居住环境改善、产业扶持发展、公共服务保障工作，实现黄河滩区居民迁建、乡村全面振兴、黄河流域生态保护和高质量发展等战略有序推进，有没有一些可复制推广的模式，能否系统总结试点地区成功经验等一系列现实问题亟待解决。

为此，本书通过对河南和山东两省安置区居民不同层面的实地调研、问卷调查和访问座谈，精准掌握了滩区居民迁建的现状及安置方式的差异，量化分析了已搬迁居民的"三生"（黄河滩区生产、生活、生态）空间变化和未搬迁居民的"三生"发展意愿，归纳滩区资源生态高效利用的实践探索。在此基础上，从当前已实施的滩区居民搬迁对未来易地搬迁规划实施、对河南省基层乡村全面振兴战略有效实施、对豫鲁黄河滩区生态保护与高质量发展等多个维度提出相应政策启示。

1.1.2 研究意义

因黄河安澜事关国民经济和社会发展全局，又因河南、山东人口总数占黄河流域人口总数的46%，两省 GDP 总和占黄河流域九省区 GDP 总和的52%（2018年），黄河滩区经济民生状况关乎地区经济振兴，为此，习近平总书记、李克强总理曾多次考察黄河滩区居民迁建工作，并作重要指示，敦促两省优先解决地势低洼、险情突出滩区居民迁建问题，确保滩区百姓不仅"搬得出"，还能"稳得住、能发展、可致富"，实现保障黄河安全与滩区发展的双赢。2019年9月，习近平总书记在河南主持召开黄河流域生态保护和高质量发展座谈会，并将黄河流域生态保护和高质量发展上升为国家战略。因此，开展本项目研究具有较强的理论和实践意义。

一是有利于为保障黄河滩区群众生命财产安全、实现滩区长治久安提供理论借鉴。黄河滩区面积大、人口多，安全设施建设严重滞后，若发生大洪水，大部分高滩和所有低滩将漫滩行洪。因此，基于居民迁建的视角开展黄河滩区提升治理、生态保护与高质量发展相关工作的研究，尽快提出科学、合理的黄河滩区治理模式，论证居民迁建与滩区提升治理的理论机制，不仅能够有助于彻底解决滩区群众防洪安全问题，而且能够为进一步完善黄河下游防洪体系、实现滩区长治久安提供理论借鉴。

二是有利于为滩区群众脱贫致富寻求新路径提供智力支撑。黄河滩区群众脱贫致富，事关百万人民的切身福祉。因此，开展黄河滩区居民迁建、脱贫致富相关工作的研究，是一件"功在当代、利在千秋"的大事。本研究通过走访、调研等形式，在了解基层反馈基础上，了解滩区群众就业意愿，论证出一套基础设施配套、居住环境改善、产业扶持发展、乡风民俗文明、基层治理有效、公共服务保障的政策设计机制，为确保滩区群众"搬得出、稳得住、能发展、可致富"，从根本上解决贫困问题，为推进乡村全面振兴，提供智力支撑。

三是有利于为促进滩区人口有序转移、稳步推进乡村全面振兴战略实施提供思路借鉴。河南、山东两省居民迁建通过依托县城、重点镇、产业集聚区和农业产业化集群集中建设安置区，能够显著改善滩区群众的居住环境和生活条件，提升公共服务水平，增强人口吸纳能力，实现人口转移与产业发展、城镇建设的良性互动。同时，将山东省临时撤离道路修建、就地就近筑村台、旧村台改造等黄河滩区居民迁建方式予以借鉴总结对比分析，以期为两省就黄河滩区的群众有序转移提供思路借鉴。

四是有利于为滩区生态环境保护体系设计，进而为黄河滩区实现资源节约、生态保护提供方案选择。黄河滩区有丰富的湿地生态资源，是黄河中下游重要的生态安全屏障，对保障国家生态安全具有独特的作用。实施居民迁建，建设横跨东西的沿黄生态涵养带，能够促进滩区生态环境保护和湿地恢复，为维护区域生态稳定和平衡，增强可持续发展能力提供基础保障。

五是有利于全面了解黄河滩区土地资源利用状况，为促进黄河下游滩区高质量发展提供政策咨询。通过本项目的实施，摸清黄河滩区群众的土地资源处置意愿、土地资源利用状况等基本问题，为最大限度地在国家政策允许范围内实施滩区居民迁建，开展原村庄拆旧复垦，与原有承包地集中连片实施土地整理等项目，提供翔实可靠的理论支撑。同时，为下一步开展原有耕地生产条件改善，各类经营主体承接流转的积极性提高和大规模土地流转条件创造，进而通过吸引先进生产要素发展现代农业提供可靠的政策咨询。

1.2 研究目的及思路

1.2.1 研究目的

黄河滩区搬迁为达到"搬得出""稳得住""能发展""可致富"的政策实施效果，各地市都有应对措施。但具体的搬迁工作实施确实存在一定的困难，借此时机，想通过本项目实施，达到以下效果。

一是通过走访、调研等形式，在了解基层反馈基础上，了解滩区居民就业意愿，寻求解决相关问题的一些对策，希望能推动接下来滩区居民搬迁工作的实施以及搬迁后人民群众更好的安置。

二是总结出黄河滩区资源科学高效开发利用途径和模式。通过调研，采用典型案例分析法，对中牟、兰考等9个试点县（市、区）滩区居民搬迁后的资源科学高效开发利用的成功案例进行研究剖析，分析其做法的科学性、合理性、有效性，凝练出产业化开发，休闲观光，生态旅游，一、二、三产业融合发展等可借鉴、可复制的有效开发模式，以及新业态在乡村全面振兴中的科学合理应用。

三是提出黄河滩区居民搬迁脱贫攻坚的政策建议。基于本项目前期的调查研究，在分析摸清黄河滩区资源状况与搬迁基本情况，找准黄河滩区居民的核心意愿，存在的突出问题，乡村全面振兴的新形势、新特点、新任务等基本问题的基础上，提出居民搬迁后黄河滩区开发和乡村全面振兴的政策措施建议，为黄河滩区居民搬迁后的稳定脱贫和收入持续增长提供决策依据，进而有助于黄河滩区居民逐步实现从搬迁开始的不适应到慢慢地稳定生活，享受搬迁后生活的便利，最后完成黄河滩区乡村全面振兴政策的最终目标，实现滩区居民共同富裕和生活水平尽早提高。

1.2.2　研究思路

黄河滩区居民迁建是新旧动能转换重大工程之一，涉及百万滩区群众的防洪安全和安居问题。围绕黄河滩区"搬得出""稳得住""能发展""可致富"及滩区生态保护与高质量发展的目标，对黄河滩区居民迁建模式和迁建后滩区农地资源开发模式进行深入全面的分析，促进滩区群众脱贫致富和滩区提升治理，为黄河滩区生态保护和农业高质量发展提供政策建议。

基于此，本研究在摸清黄河滩区资源和迁建基本情况的基础上，首先运用走访、调研等形式，调查分析滩区资源禀赋、居民迁建差异性，再通过居民搬迁典型案例及经验启示分析、居民迁安与国家战略契合理论分析，为本项目实证做理论支撑。

其次，从实证层面分析黄河滩区居民迁安工程实施情况、居民迁建意愿及资源处置意愿、黄河滩区居民搬后"三生"空间变化情况，进而结合搬迁村庄资源禀赋条件，分析传统村落安置模式、乡镇社区安置模式、县城社区安置模式等三种黄河滩区居民迁建安居模式，并比较分析这些模式的优缺点。在此基础上，选取河南省、山东省等7个涉及黄河滩区的县、市、区，分析农牧结合、水生种养模式、规模种植、设施农业、田园综合体等5种农业资源开发模式，并由此得出经验启示，使其成为可借鉴、可复制的乡村全面振兴发展模式，助力滩区生态保护和高质量发展。

最后，选取兰考县、武陟县等黄河中下游涉及滩区的农业县分别介绍现代农业产业园助推乡村全面振兴式、农村三产融合促进乡村产业高质量发展式等实践案例，由此形成研究思想路线（见图1-1）。

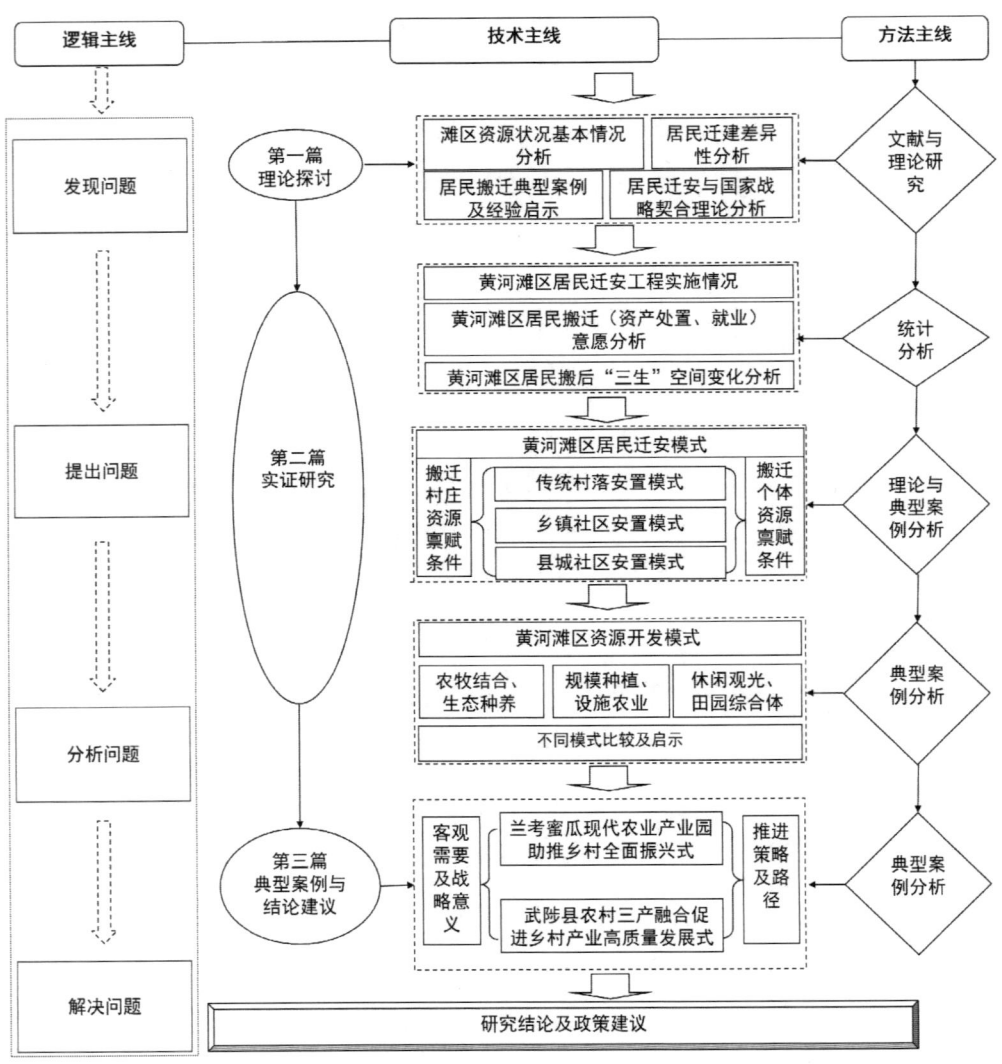

图 1-1　研究思路

1.3 研究内容与方法

1.3.1 研究内容

为了更全面、系统地反映课题研究成果，本研究共分为理论探讨、实证研究、典型案例与结论建议等，共计3篇11章，详细如下。

第一篇，"理论探讨"，由第1至4章组成。

第1章，绪论。本章在深入梳理课题研究背景及意义的基础上，界定研究相关概念的内涵，阐述依据的基础理论，并构建了研究的逻辑思路和整体结构框架。

第2章，居民搬迁典型案例及经验启示。选取以防洪为主的黄河滩区、以脱贫为主的集中连片特困山区（秦巴山区、武陵山区）、以南水北调工程为主的库区等三种类型居民搬迁为案例，同时，选取泰国北部山区、苏丹达尔富尔荒漠化等国外移民路径和模式，对比经验启示，以期为我国所用。

第3章，黄河滩区居民迁安模式与差异性分析。重点分析了黄河滩区居民外迁安置三种模式——传统村落安置方式下生态田园模式、乡镇社区安置方式下特色小镇模式、县城社区安置方式下城乡融合模式，黄河滩区居民就地安置四种模式——就地就近筑村台、筑堤保护、旧村台改造提升、临时撤离道路改造提升，并分析出迁安模式差异性，提出滩区资源高效开发模式与迁建区发展路径。

第4章，黄河滩区居民迁安与国家战略契合理论探讨。从理论逻辑层面分析黄河滩区居民迁安与乡村全面振兴、黄河流域生态保护和高质量发展战略的契合度。

第二篇，"实证研究"，由第5至8章组成。

第5章，黄河滩区居民迁安工程实施情况。重点分析山东省、河南省黄河滩区居民迁安工程实施情况。

第6章，黄河滩区居民搬迁意愿分析——以河南省为例。分别从搬后资产处置意愿、搬后就业意愿、搬迁与安置类型选择等维度分析滩区居民搬迁意愿。

第7章，黄河滩区资源开发模式分析。重点分析规模种植模式、农牧结合模式、设施农业模式、田园综合体模式、水生种养模式；最后对各种模式进行比较研究，得出经验启示。

第8章，黄河滩区居民迁建困境及迁后协调发展分析。根据迁建后居民就业状况、居住条件状况、社会保障状况和社会资本状况，重点调研河南黄河滩区居民迁建，分析迁建后居民生产、生活、生态协调发展。

第三篇，"典型案例与结论建议"，由第9至11章组成。

第9至10章，从乡村全面振兴、乡村产业高质量发展等战略方向，结合河南境内黄河流域兰考县、武陟县实际情况，做系统案例分析。

第11章，研究结论与政策启示。研究认为滩区居民迁建以政府主导为主，滩区居民对开展迁建总体认可迁建意愿较强，迁建安置模式具有区域差异性且效用最大化，迁建群众生产生活条件普遍有了明显改善，滩区发展初步探索出了一些科学有效模式；同时，在易地搬迁规划实施、对乡村全面振兴有效衔接、对河南省乡村全面振兴战略有效实施等方面提出相关政策启示。

1.3.2 研究方法

（1）田野调查法

拟采用问卷调查和实地访谈方式，随机选取河南、山东两省涉及黄河滩区居民的地区，范围主要涉及河南9个县、山东17个县，进行问卷调查和深度访谈，以期深入了解黄河滩区居民迁建工程与乡村全面振兴战略、黄河流域生态保护和高质量发展战略实施情况。以此为案例，剖析其运行机制、成效、问题及成因。

（2）灰色关联分析方法（Grey Relational Analysis，GRA）

拟用GRA分析乡村治理共同体系统因子之间、因子对主行为之间的不确定关系，以期通过一定的数据处理，在随机因素系列中，找出它们的关联性和主要因素，辨析主要因素、次要因素，进而为构建评价指标体系提供依据。

（3）文献研究法

通过搜集检索国内外期刊、论文、著作等文献资料，查阅政府网站公布的相关政策和统计年鉴、统计公报等，进行综合分析，为扶贫措施提供理论依据。

（4）对比研究法

将样本按地域划分为两类，分为河南境内、山东境内两类样本。河南境内样本按照贫困程度分为贫困县、非贫困县两类。在黄河滩区居民迁建模式上再做豫、鲁两省对比分析。在同一省内，再做不同模式的对比分析。迁建工程完成以后，再做居民"生产、生活、生态"条件对比分析。最后，再做贫困县、非贫困县乡村全面振兴模式对比分析。同时，也与国外、省外乡村发展较好、群众致富有方的典型地区进行对比分析，以得出更加可靠、稳健的结论。

（5）SWOT分析法

通过实地调研，从自然环境条件、交通经济、资源禀赋、生态环境条件等维度，对兰考、武陟等黄河滩区县农业产业发展做SWOT分析，寻找当地农业主导产业发展机遇。

1.4 黄河滩区特征

1.4.1 黄河滩区人口特征

我国黄河区地跨青、川、甘、宁、内蒙古、晋、陕、豫、鲁等9省（自治区）66个地（市）340个县（市、区），干流河道全长5464千米，流域面积79.5万平方千米（包括内流区4.2万平方千米），流域内总人口约1.1亿人，其中70%左右的人口集中在龙门以下地区。

黄河滩区分布在河南、山东两省15个地市47个县（市、区），总面积3487.99平方千米，人口186.02万，种植耕地375万亩。其中，河南省黄河滩区涉及6市19个县（市、区），滩区面积约2236.99平方千米，耕地面积228万亩，居住人口约125.4万人。黄河山东段由东明县入境，在东营市垦利区入渤海，河道长628千米，滩区总面积1251平方千米，涉及9个市28个县（市、区），居住人口60多万人。

1.4.2 黄河滩区地形水利特征

黄河作为泥沙含量最多的河流，下游断面宽浅、滩槽高差小，滩唇高差持续增加，"善淤、善决、善徙"是其显著特征。其中，河南段两岸不受约束而呈现典型"洲滩密布、曲折多弯、汊道交织"的游荡性，水流分散、河势游摆，同流量下含沙量不稳定，河床易大幅"淤凸冲凹"。加上大堤修建使得河道堆积性加剧，形成独特的"滩区""地上悬河"和"二级悬河"形态；下游河床普遍高于两岸地表，河道横断面滩槽呈倒比降，"槽高、滩低、堤根洼"特征严重威胁防洪安全。同时，滩区不仅是滞洪沉沙、行洪输沙的通道，也是滩内居民的生存家园，造成防洪和发展存在一定冲突，自然条件下黄河下游滩区水沙要素复杂（见图1-2）。

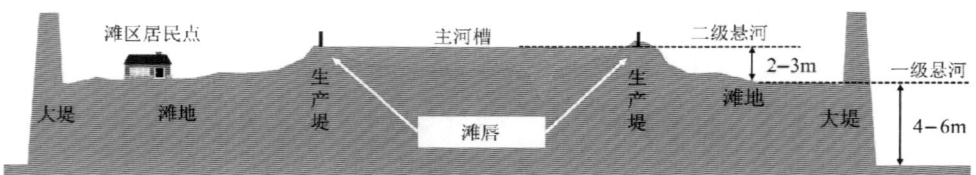

图 1-2　黄河滩区地形水利特征示意

1.4.3　黄河滩区地理分布特征

黄河滩区自河南省洛阳市孟津区白鹤镇至山东省东营市垦利区入渤海，涉及河南省郑州、开封、洛阳、焦作、新乡、濮阳等6个省辖市19个县（市、区）59个乡镇1172个自然村庄，山东省菏泽、济宁、聊城、泰安、济南、德州、淄博、滨州、东营等9个市28个县（市、区）91个乡镇782个村。

（1）河南省境内河段

依据黄河河道的特性，分为四个河段，各河段内的滩区状况差异明显。

——孟津白鹤镇至郑州老京广铁路桥河段。全长98千米，河道宽5—10千米。右岸为邙山黄土高岗，左岸为温县清风岭，滩地主要集中在左岸的孟州市、温县、武陟县境内，习惯称为"温孟滩"，是温、孟两县（市）粮棉高产区，滩内已修建了防御每秒10000立方米洪水的堤防，中小洪水不漫滩。

——郑州老京广铁路桥至开封兰考东坝头河段。全长131千米，河道宽5.5—12.7千米，滩区多为高滩区，涉及原阳县、封丘县、中牟县、龙亭区、祥符区。

——兰考东坝头至濮阳渠村河段。全长70千米，河道宽5—20千米，滩地开阔，下游逐渐变窄，呈喇叭形，素有"豆腐腰"之称，涉及兰考县、长垣市。

——濮阳渠村至台前张庄河段。全长165千米，河道宽1.4—8.5千米，洪水漫滩概率较高，涉及濮阳县、范县、台前县。

（2）山东省境内河段

依据黄河河道的特性，分为三个河段，各河段内的滩区状况差异明显。

——东营至阳谷陶城铺河段。全长212千米，属宽浅游荡型河段，两岸堤距较宽，一般宽4—8千米，东明南滩最宽达20千米，东平十里堡最窄约1.3千米，滩区面积692.1平方千米，占全省滩区面积的40%，面积大的滩区主要分布在东明县南滩和西滩、鄄城县葛庄和左营两滩、梁山县蔡楼和东平滩等，滩内住着较多的群众，却是严重的"二级悬河"。

——陶城铺以下至利津河段。全长310千米，属弯曲型窄河段，两岸堤距一般为0.5—4千米，最窄处艾山卡口仅275米，分布着面积达388.6平方千米的长平滩区，位于济南市长清区和平阴县，除此之外滩区面积都较小，滩区内居住群众少，漫滩次数比陶城铺以上河段少。

——利津县以下河段。全长56千米，为易摆动的河口尾闾段，堤距0.5—12千米，泥沙不断堆积，滩区总面积166.1平方千米，但耕地面积只有22.3万亩，滩内无人居住，仅有胜利油田的部分油井等设施。同时此段滩区是新形成的滩地，地势低洼、平坦，土地盐碱化，漫滩上水的机会较多，且随着河道的淤积延伸而不断扩大。

1.4.4　自然资源特性

（1）气候资源

黄河滩区包括高漫滩、嫩滩、低滩、高滩等，该区四季分明，光照充足，降水适中，热量较丰。年均气温13—14℃，年日照2500小时，年降水量600—700毫米，无霜期210天。主要灾害有干旱、洪涝、大风、干热风、霜冻等。

（2）土地资源

黄河滩区土地总面积3818平方千米，其中耕地面积占72.29%，土壤为沙土、两合土、淤土，其中以两合土为主。目前黄河滩区土地利用现状是以种植小麦、玉米、花生等作物为主，部分滩区为了改善滩区生态环境种植大面积速生林。近年来尤其黄河小浪底水利枢纽的投入使用，有效减少了黄河洪水的概率，滩区土地资源与当地旅游资源结合得到多形式的开发利用。

1.4.5 经济社会资源特性

由于历史、自然、政策及管理体制等因素相互交织，黄河滩区经济社会发展滞后，主要呈现四个特点。

一是受灾风险地区较广。沿黄涉及市县多，滩区面积大且相对集中，同时安全建设滞后，特别是河南省濮阳县、范县、台前县、兰考县等低滩区以及山东省阳谷陶城铺以上河段，易形成横河、斜河和顺堤行洪，甚至发生滚河，这些地方"洪水漫滩—家园重建—再漫滩"的状况没有根本改变。

二是产业基础弱。受特殊地理环境等因素制约，滩区产业发展严重受限，以种植业为主，基本无工业，属于典型的农业经济，经济发展落后，群众收入水平低。据调查，河南省滩区居民2016年农村人均居民可支配收入约7743元，为全省平均水平的66.2%。

三是基础设施条件差。滩区投入严重不足，难以布局建设较大的基础设施，交通、水利、电力等设施薄弱，教育、医疗、文化等社会事业发展滞后，滩内外经济社会发展差距不断加大。

四是贫困人口多。截至2017年，河南省滩区内有3个国家级贫困县、2个省级贫困县、5.28万建档立卡贫困人口；山东省黄河滩区贫困发生率高，2015年有省定贫困村82个、建档立卡贫困人口4.3万人。截至2017年，还有1.76万名建档立卡未脱贫人口，所以滩区已成为两省较为集中连片的贫困地区之一。

1.5 理论基础及概念界定

1.5.1 理论基础

（1）社区治理理论

该理论观点最早由美国人法林顿提出，并逐渐为学界所关注。此后，在20世纪二三十年代分别由斯坦纳和桑德森从不同角度对社区发展的理论与方法进行论述，进而奠定了"社区发展"的基础，并在其基础上取得了长足的发展。

社区作为一个有活力的个体，它的存在有助于社会的发展，它可以整合社会中的多种力量并实现对不同群体和地域的控制。在社区发展理论中，社区的发展必然离不开基层社区中居民的参与，广泛的参与可以完善社会组织、整合社会资源，进而促进社会的发展与进步。

不同于传统意义上的"管"，"治"主要强调社会公共管理过程中多方主体通过协商、协作等方式解决问题，这决定了社区治理可以补国家之短，补市场之短。治理作为一种管理过程，主要是在各个治理主体的共同治理目标下，通过建立多元、协作、协商、伙伴关系等方式进行的对公共事务的合作化管理。

因此，该理论有以下几个核心要点：首先，社区发展的核心在于移风易俗，改变不同群体的风俗习惯，它所关注的不仅仅是生活环境的改善以及物质条件的富足；其次，社区发展与治理并不依靠外来强力的控制，它需要社区居民自发地去改变自身的价值观念、社会意识，并且通过不断学习来获取新的知识，进而在社区内部培育出认同感和团体意识；再次，需要建立新的制度、规划，并由相应的渠道保障其贯彻实施，在居民之间形成良好的行为习惯。同时，社区发展与治理应当遵循以人为本、实事求是、善治以及可持续原则。

（2）生产要素禀赋理论

瑞典经济学家赫克歇尔（Eli Filip Hecksher）和俄林（Bertil Ohlin）所提出的生产要素禀赋理论（Factor Endowments Theory），又叫 H-O 理论或 H-O 模型，它建立在对现实经济简单化、抽象化的严格模型设定基础上。生产要素禀赋理论起源于李嘉图的相对优势模型。李嘉图的相对优势模型表明，当劳动力是唯一的生产要素时，生产技术水平（生产效率）的差异使各国在不同的商品生产上具有相对优势。当生产中投入劳动力和资本等多种生产要素时，国家间要素禀赋差异将使各国在不同的商品生产上具有相对优势。生产要素禀赋理论进一步考察这个命题，可分为狭义的生产要素禀赋论和广义的生产要素禀赋论。

狭义的生产要素禀赋论认为，现实生产中投入的生产要素不是一种劳动力，而是多种。投入两种生产要素则是生产过程中的基本条件。根据生产要素禀赋理论，在各国生产同一种产品的技术水平相同的情况下，两国生产同一产品的价格差别来自产品的成本差别，这种成本差别来自生产过程中所使用的生产要素的价格差别，这种生产要素的价格差别则取决于各国各种生产要素的相对丰裕程度，即相对禀赋差异，由此产生的价格差异导致了国际贸易和国际分工。

广义的生产要素禀赋理论指出，当国际贸易使参加贸易的国家在商品的市场价格、生产商品的生产要素的价格相等的情况下，两国生产同一产品的技术水平相等（或生产同一产品的技术密集度相同）的情况下，国际贸易取决于各国生产要素的禀赋，各国的生产结构表现为每个国家专门生产密集使用本国具有相对禀赋优势的生产要素的商品。生产要素禀赋论假定，生产要素在各部门转移时，增加生产的某种产品的机会成本保持不变。

生产要素禀赋理论告诉我们，要促进一个国家或地区的经济发展，必须充分考察自身的各种资源的丰裕程度，充分利用当地丰裕程度高、相对价格低的资源，发展对这些资源需求程度比较大的产业，尽量避免发展对丰裕程度低的资源依赖性强的产业。例如黄河滩区，在进行产业结构和发展模式的选择时，要充分考虑利用滩区水资源、牧草资源比较丰裕的特点，因地制宜地发展水产业，草食畜、生态休闲观光等产业。

（3）公共政策理论

公共政策是政府、非政府公共组织和民众在对社会公共事务共同管理过程中所制定的行为准则或行为规范。公共政策既可以调整政策执行者的行动，又可以保护政策接收人的利益。公共政策是一系列法律规定的总称，其表现形式有法律法规、行政规则或命令、国家领导人的口头或书面指示、政府规划等。

自20世纪80年代我国恢复建立公共行政学科以来，公共政策的研究得到了学术界的高度重视。在众多专家、学者的辛勤努力下，其研究成果斐然。进入21世纪后，市场经济的完善、民主政治的发展与和谐社会的构建，迫切需要政府提高自身制定与执行公共政策的能力，从而对公共政策的研究与教学又提出了更高要求。公共政策研究中包含了很多基本理论，例如公共政策过程论、政策扩散理论和政策创新理论等。而政府实施政策的理由称得上是公共政策的本质。美国著名政治学家戴维·伊斯顿认为公共政策的价值取向应该集中在社会公正和正义上，比较有代表性的界定者还有伍德罗·威尔逊，他认为公共政策是由政治家，即具有立法权者制定而由行政人员执行的法律和法规。

公平与效率是基本价值取向，也是衡量公共政策合理性的重要指标。公共政策分析是具有周期性的过程分析，议程设置、政策制定、政策实施、政策评估、政策变化和政策终止就是公共政策分析周期的六个阶段。公共政策是为了反映社会利益而制定的政策，具有相关性、合法性和权威性三个基本特性。公共利益是公共政策的价值取向和逻辑性的出发点。很多研究者在研究公共政策时都把焦点放在实现社会利益上。大多数人认为，比起私利，公共政策更应该和公共利益一致。

在公共政策研究中，治理的原意是对国家事务和公共事务的处理。政府是治理的主体，政府所面对的各种相关事务是治理的对象，治理也能理解为政府治理。由上述理论可知，大部分的公共政策都与社会价值的分配有关，政策的价值与利害关系有关。在水利工程移民过程中，被补偿群众的利益就成为公共政策制定的标准，也就是说在工程最初制定移民安置规划首先要保障的就是被补偿人利益。被补偿群众的直接利益体现在多个方面，无论是补偿资金、补偿方法还是安置办法都是移民安置规划制定的最根本的参照。如果被补偿群众的这些基本利益不能够在政策中完全体现出来，则规划必定不能实施，被补偿群众不会接受这样的政策，从而导致政策没有可行性。

（4）推拉理论

推拉理论最早由美国人口学家埃弗雷特·李（Everett S. Lee）在1966年提出。他在其著作《人口迁移的理论》中，系统地描述了迁移行为的多种动因。这一理论的产生，是为了解释20世纪初全球化和工业化加速下的人口迁移现象。

推拉理论认为，迁移决策是由多种因素的相互作用决定的。其中，"推力"（Push factors）指的是驱使人们离开原居住地的负面因素，如高失业率、政治不稳定、自然灾害等。而"拉力"（Pull factors）则是吸引人们到新地方的正面因素，如更好的就业机会、政治稳定、更高的生活质量等（见图1-3）。

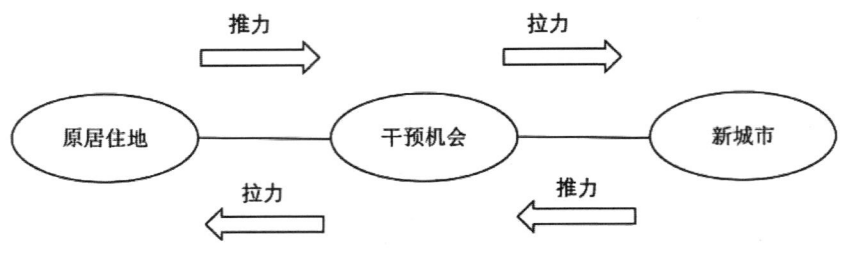

图 1-3　推拉理论机制示意图

对于易地搬迁的理论逻辑，可借助经典推拉理论深入分析移民搬迁现象背后的环境因素与人口迁移之间相互作用的"平衡机制"，进一步揭示易地扶贫搬迁具有可预测的替代保障平衡功能。按照人口迁移推拉理论，人口迁移是流出地推力、流入地拉力、流入地推力、流出地拉力以及劳动者的个人能力这五类因素共同作用的结果，而生态空间和环境因素是这一理论逻辑框架的起点，即"推力"和"拉力"都包含有自然环境因素，其中"推力"因素主要体现为自然资源枯竭、环境恶化，而相应的"拉力"因素则是相当优越的自然环境条件。在易地扶贫搬迁过程中，迁移行为主要受迁出地"一方水土养不好一方人"的环境状况而形成一种推力作用，而迁入地"一方水土富一方人"的发展环境则是迁移的拉力。

（5）可持续生计理论

20世纪五六十年代，人们在经济增长、城市化、人口增长等所形成的环境压力下，对"增长＝发展"的模式产生怀疑并展开讨论，在1992年联合国环境与发展大会上可持续发展要领得到与会者承认并达成共识。随着该理论渐入人心，"可持续"也成为党的十八大以来，从事减贫理论研究学者、从事减贫工作的非政府机构等理论和实践探索的核心理念之一，并衍生出可持续生计理论。在该理论框架的指导下，国际社会的部分政府、国际组织、非政府组织针对一些贫困地区和贫困人群开展了应用项目，为国际减贫事业提供了宝贵经验。

可持续生计理论是由复杂多样的经济、社会和自然环境等方面的策略构建起来的。引申到贫困和发展领域，要想实现消除贫困的目标，就要帮助贫困人口重建可持续生计，发展个体、家庭和社区改善生计系统的能力，实现人与自然、人与生态环境的可持续发展。该理论强调"人"和"生态"的可持续。扶贫应该以"人"为核心，致力于提升"人"的可持续发展的能力，并将提升贫困人口的生存技能，使其拥有更有利的生计条件视为持续减贫的重要手段；同时，必须保护和改善当地生态环境，保证以可持续的方式使用自然资源和环境成本，通过更加有效的可持续生计的发展模式帮助脱贫地区的生态环境保护和经济社会发展相协调。

易地扶贫搬迁与可持续生计理论在理念上、内容上具有较强一致性（见图1-4）。易地扶贫搬迁是我国精准扶贫的重要组成部分，是从根本上解决"一方水土养不起一方人"的重要举措。易地扶贫搬迁蕴藏了"可持续生计"的智慧，又根植于中国特色社会主义土壤，在我国全面推进乡村振兴的社会背景下又开拓了扶贫的新方法和新手段，进一步充实和拓展了可持续生计理论，丰富和发展了世界减贫理论体系，为更多发展中国家加快摆脱贫困提供了实践和理论经验。黄河滩区移民搬迁又是易地扶贫搬迁的重要形式之一，在可持续生计理论思维下，黄河滩区移民搬迁，既要满足当前经济和社会发展的需要，也要满足后代发展的需要，充分、长远解决黄河水患和经济发展问题。在发展中，要注意保护环境，选择资源节约型、环境友好型产业，如因地制宜地发展循环农业、休闲观光、生态旅游等产业，促进经济、生态协调发展。黄河滩区的移民搬迁追求的是符合生态文明转型的、替代性的战略和人的多样性与自然的多样性有机结合的"百业兴旺"。

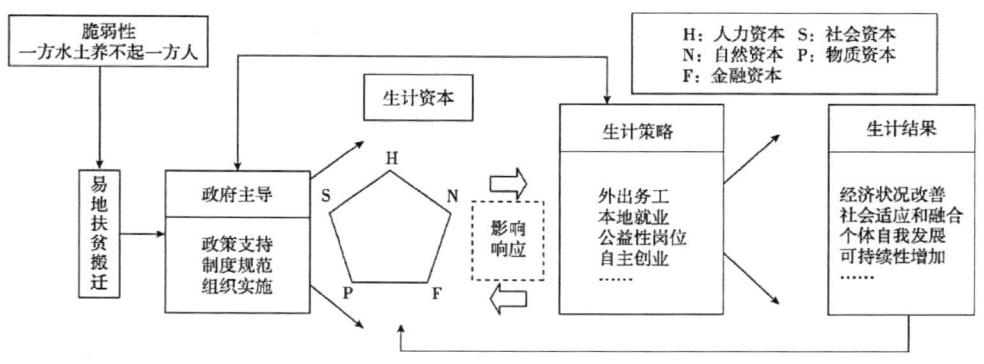

图 1-4　可持续生计理论与易地扶贫搬迁耦合示意图

1.5.2 概念界定

（1）黄河滩区

黄河滩区指黄河大堤与黄河河道之间的滩地区域，该区域主要集中在黄河中下游地区。河南省境内，黄河滩区集中在自洛阳市孟津区白鹤至濮阳市台前县张庄；山东省境内，黄河由东明县入境，在东营市垦利区入渤海，其流经地区均属于黄河滩区。

黄河滩区提升治理是实施滩区国土空间差别化管控措施，完善基础设施和公共服务配套，优化滩区生产、生活、生态空间，加快解决特殊滩区和倒灌区居民防洪安全问题，统筹做好高滩区防洪安全和土地利用，严格限制自发修建生产堤等无序活动，有序推进滩区居民迁建或就地安置，确保迁建居民"搬得出、稳得住、能发展、可致富"，同时依法合理利用滩区土地资源。

（2）居民迁建

居民迁建在不同情景有诸多相近词，如生态移民、扶贫迁建、高山移民、库区移民等。本研究所提出的居民迁建，主要是指黄河滩区居民因避免黄河泛滥的洪水威胁，充分考虑群众经济承受能力和实际情况，而采取的易地集中安置、自主分散安置和敬老院安置等多种安置形式的搬迁安居。

（3）乡村全面振兴

乡村全面振兴一般指乡村全面振兴战略。农业农村农民问题是关系国计民生的根本性问题，必须始终把解决好"三农"问题作为全党工作的重中之重，实施乡村全面振兴战略。习近平总书记从农业、农村、农民三个维度，强调要举全党全国全社会之力，促进"农业全面升级、农村全面进步、农民全面发展，谱写新时代乡村全面振兴新篇章"。

2018年1月30日，习近平总书记在主持中共中央政治局第三次集体学习时强调，"乡村振兴是一盘大棋，要把这盘大棋走好"。同年3月8日，在参加十三届全国人大一次会议山东代表团审议时，他从推动乡村产业振兴、人才振兴、文化振兴、生态振兴、组织振兴五个方面，系统阐述了乡村振兴的目标任务和实现路径。9月21日，在主持中共中央政治局第八次集体学习时，习近平总书记提出：乡村振兴战略的总目标是农业农村现代化；总方针是坚持农业农村优先发展；总要求是产业兴旺、生态宜居、乡风文明、治理有效、生活富裕；制度保障是建立健全城乡融合发展体制机制和政策体系。党的二十大报告将"全面推进乡村振兴"纳入构建新发展格局的整体框架中，这些新理念、新思想、新部署体现了我们党对乡村全面振兴规律认识的深化。

《中华人民共和国乡村振兴促进法》对乡村的法定界定，是指城市建成区以外具有自然、社会、经济特征和生产、生活、生态、文化等多重功能的地域综合体，包括乡镇和村庄等。促进乡村振兴应当按照产业兴旺、生态宜居、乡风文明、治理有效、生活富裕的总要求，统筹推进农村经济建设、政治建设、文化建设、社会建设、生态文明建设和党的建设，充分发挥乡村在保障农产品供给和粮食安全、保护生态环境、传承发展中华民族优秀传统文化等方面的特有功能。

（4）黄河流域生态保护和高质量发展

2019年9月18日，习近平总书记在郑州主持召开黄河流域生态保护和高质量发展座谈会，指出黄河流域生态保护和高质量发展，同京津冀协同发展、长江经济带发展、粤港澳大湾区建设、长三角一体化发展一样，是重大国家战略。2021年10月22日，习近平总书记在济南主持召开深入推动黄河流域生态保护和高质量发展座谈会，从新的战略高度阐述了推动黄河流域生态保护和高质量发展的一系列重大问题，发出了为黄河永远造福中华民族而不懈奋斗的号召。

高质量发展的本质内涵，是以满足人民日益增长的美好生活需要为目标的高效率、公平和绿色可持续的发展，是经济建设、政治建设、文化建设、社会建设、生态文明建设"五位一体"总体布局的协调发展。立足新的时代，推进黄河流域高质量发展，必须按照"五位一体"总体布局，落实创新、协调、绿色、开放、共享的新发展理念，推进供给侧结构性改革，促进流域内经济社会全面协调可持续发展。高质量发展要坚持绿水青山就是金山银山的理念，坚持生态优先、绿色发展，以水而定、量水而行，因地制宜、分类施策，上下游、干支流、左右岸统筹谋划，共同抓好大保护，协同推进大治理，着力加强生态保护治理、保障黄河长治久安、促进全流域高质量发展、改善人民群众生活、保护传承弘扬黄河文化，让黄河成为造福人民的幸福河。黄河滩区居民迁建几乎汇聚浓缩了乡村全面振兴、高质量发展等所有的新时代元素，关乎整个黄河流域的生态保护与高质量发展。

（5）"三生"协调发展

"三生"协调发展指生产、生活、生态空间之间的彼此独立又彼此依赖，相互促进又相互制约的关系，即生产空间为生活空间、生态空间提供经济支撑，生活空间的宜居性是生产开发和生态保护的终极目标，生态空间由于其自然属性，为生产空间和生活空间的发展提供物资和环境保障。其中生产空间指具备产品获取与供给功能的生产经营性场所（或用地类型），主要包括提供工业品、农产品以及无形的服务业产品的空间；生活空间有静态和动态之分，静态生活空间是人们日常生活的载体，强调不可移动性，突出物质实体，是以居住为目的的建设区域、农村居民点和其他空间中与生活功能密切相关的区域，动态生活空间则是强调以居住、购物、学习、休闲等活动形成的空间，强调动态性和社会性；生态空间主要涵盖具有自然要素的自然生态空间和具有生态功能的以生态调节、提供生态产品和服务为主的非自然生态空间。

（6）共同富裕

共同富裕是全体人民的富裕，是人民群众物质生活和精神生活都富裕，不是少数人的富裕，也不是整齐划一的平均主义，要分阶段促进共同富裕。因此，共同富裕既是一个经济发展概念，也是一个社会发展概念，同时涉及政治、文化、生态等诸多领域，与人民生产生活息息相关。"共同富裕"中，"富裕"反映的是经济社会发展水平，体现着物质丰富、精神富足和生活宽裕程度，"共同"体现的是让改革发展成果更多、更公平地惠及全体人民。

共同富裕可以从不同角度理解。从经济层面看，主要表现为较高的收入和财富水平，还涉及收入分配状况，反映初次分配、再分配、三次分配协调配套程度。实现共同富裕要通过大力推动高质量发展提高城乡居民收入水平，让全体人民进一步焕发劳动热情、释放劳动潜能，通过劳动创造更加美好的生活。从社会层面看，基本公共服务均等化是其重要表现。基本公共服务主要包括教育、就业、社会保障、医疗卫生等。要推动城市公共服务向乡村延伸，提升城乡基本公共服务均等化水平。从日常生活层面看，广大人民群众生活富足，在居住方式、消费方式、行为方式、交往方式、思维方式等方面形成良好的生活理念和习惯。

1.5.3　习近平论"易地扶贫搬迁"

党的十八大以来，党中央、国务院高度重视精准扶贫精准脱贫，特别是易地扶贫搬迁工作。习近平总书记多次就易地扶贫搬迁工作作出重要指示，强调要做好移民搬迁工作，做到实施一个搬迁项目、安置好一方群众、实现一方人民脱贫，最终于2020年，实现脱贫攻坚决胜收官。2015—2021年，习近平总书记关于易地扶贫搬迁的重要指示和重要讲话精神节选如下：

要因地制宜研究实施"四个一批"的扶贫攻坚行动计划，即通过扶持生产和就业发展一批，通过移民搬迁安置一批，通过低保政策兜底一批，通过医疗救助扶持一批，实现贫困人口精准脱贫。

——2015年6月18日，习近平总书记在贵阳主持召开涉及武陵山、乌蒙山、滇桂黔集中连片特困地区扶贫攻坚座谈会上的讲话

贫困人口很难实现就地脱贫的要实施易地搬迁，按规划、分年度、有计划组织实施，确保搬得出、稳得住、能致富。

——2015年11月27日至28日中央扶贫开发工作会议在北京召开，习近平总书记出席会议并发表重要讲话

一定要把易地移民搬迁工程建设好，保质保量让村民们搬入新居。大家生活安顿下来后，各项脱贫措施要跟上，把生产搞上去。

——2016年8月23日，习近平总书记在青海考察时强调

要把易地搬迁扶贫作为重要补充，确保搬得出、稳得住、能致富。

——2017年1月24日，春节前夕赴河北张家口看望慰问基层干部群众时的重要指示

要组织好易地扶贫搬迁，坚持群众自愿原则，合理控制建设规模和成本，发展后续产业，确保搬得出、稳得住、逐步能致富。

——2017年2月21日，在十八届中共中央政治局第三十九次集体学习时的重要讲话

肯定了通过易地搬迁改善村民生活条件的思路，要求配套扶贫措施要跟上，使贫困群众不仅改善居住条件，还能稳定增收。

——2017年6月21日，习近平总书记到山西考察调研时强调

对居住在生存条件恶劣、生态环境脆弱、自然灾害频发等"一方水土养活不了一方人"地区的贫困群众，大力度实施易地搬迁工程。

——2017年6月23日，习近平总书记在深度贫困地区脱贫攻坚座谈会上强调

易地扶贫搬迁是实现精准脱贫的有效途径，一定要把这项工作做好做实。搬迁安置要同发展产业、安排就业紧密结合，让搬迁群众能住下、可就业、可发展。

——2018年2月11日，习近平总书记在四川省凉山彝族自治州考察时强调

"十三五"期间，我们计划对"一方水土养活不了一方人"的地方易地搬迁1000万左右建档立卡贫困人口，到去年底已经完成870万贫困人口的搬迁建设任务，大部分搬迁人口脱了贫，今年剩余建设任务将全面完成。

——2019年4月15日至17日，习近平总书记在重庆考察，在主持召开解决"两不愁三保障"突出问题座谈会时强调

贫困乡亲脱贫是第一步，接下来要确保乡亲们稳定脱贫，扶贫政策和扶贫队伍要保留一段时间，从发展产业、壮大集体经济等方面想办法、找出路，让易地搬迁的群众留得住、能就业、有收入，日子越过越好。

——2019年8月21日，习近平总书记在甘肃考察时强调

要加快建设现代化经济体系，把握供给侧结构性改革这条主线，健全推动发展先进制造业、振兴实体经济的体制机制，推动传统制造业优化升级，加快发展新兴产业，推进基础设施建设，抓好农业生产，着力巩固脱贫攻坚成果，深入做好易地搬迁工作，推动形成主体功能明显、优势互补、高质量发展的区域经济布局。

——2020年1月19日，在云南考察调研时的重要指示

要加大易地扶贫搬迁后续扶持力度。全国易地扶贫搬迁960多万贫困人口，中西部地区还同步搬迁500万非贫困人口，相当于一个中等国家的人口规模。现在搬得出的问题基本解决了，下一步的重点是稳得住、有就业、逐步能致富。

——2020年3月6日，在决战决胜脱贫攻坚座谈会上的重要讲话（节选）

不是搬过来盖几间漂亮房子就行了。乡亲们搬出来后，要稳得住、能致富，才能扎下根。

——2020年6月8日，习近平总书记在宁夏回族自治区生态移民村（弘德村）考察时强调

要强化易地搬迁后续扶持，多渠道促进就业，加强配套基础设施和公共服务，搞好社会管理，确保搬迁群众稳得住、有就业、逐步能致富。

——2020年12月28日，在中央农村工作会议上发表重要讲话

要发展壮大扶贫产业，拓展销售渠道，加强对易地搬迁群众的后续扶持。

——2021年2月3日，在贵州考察时的重要指示

对易地扶贫搬迁群众要搞好后续扶持，多渠道促进就业，强化社会管理，促进社会融入。

——2021年2月25日，在全国脱贫攻坚总结表彰大会上的讲话（节选）

要弘扬伟大脱贫攻坚精神，加快推进乡村振兴，健全农村低收入人口常态化帮扶机制，继续支持脱贫地区特色产业发展，强化易地搬迁后续扶持。

——2021年4月25日，在广西壮族自治区考察时的重要指示

全面开展搬迁、迁建是一件了不起的事情。看到你们安居乐业，我感到很欣慰。

——2021年10月21日，习近平总书记在山东东营垦利区杨庙社区考察时强调

第 2 章　居民搬迁典型案例及经验启示

黄河滩区群众如何外迁安置，这涉及民生问题，是一个国际性的难题。新中国成立以来，不论是黄河流域广大滩区为配合国家水库建设、设置蓄滞洪区、应对特大洪水等所进行的移民迁安，还是秦巴山区、武陵山区、滇桂黔石漠化区等集中连片特困地区居民易地搬迁，或是南水北调工程等库区居民的易地搬迁，有成功的经验，也有失败的教训。此外，国外居民搬迁经验也为黄河滩区扶贫搬迁提供了借鉴。为此，本章内容重点节选黄河流域滩区、库区、山区移民迁安典型案例，以及国外居民搬迁案例加以分析，以期得出有益启示。

2.1　黄河流域滩区移民迁安模式及启示

在梳理以往黄河流域滩区不同类型移民迁安史实的基础上，对移民迁安比较成功的"东明模式"和"平阴、范县模式"进行具体做法和经验的分析，为河南省、山东省实施的"黄河滩区居民扶贫搬迁规划"，以及彻底解决滩区发展和群众脱贫致富问题，提供经验参考和政策支持。

2.1.1　新中国成立以来黄河滩区居民搬迁概况

新中国成立以来，黄河流域或兴建大型水库，或应对特大洪水灾害，曾进行过规模不等的移民，主要有三种类型。

（1）以兴修水库为主的滩区居民搬迁

截至1999年，在黄河干支流上已建和在建大中型水库分别是13座和171座，规模和影响比较大的有24座，移民100余万人。其中，移民10万人以上的有三门峡、东平湖、小浪底3座，1万—10万人的7座，1万人以下的9座，没有移民的5座。

三门峡水库移民高程线定为335米，相应水库面积为1030平方千米，库容为98.4亿立方米。库区淹没涉及陕西省的潼关、华阴、华县、朝邑和大荔，山西省的平陆、芮城和永济以及河南省的三门峡。其中，陕西省的淹没面积最大，约占全库区总淹没面积的80%。整个库区的移民工作从1956年春开始，1960年全面展开，至1965年底基本结束。截至1982年，全库区实际共迁安移民403786人，其中陕西省285304人，河南省70859人，山西省47623人（不含陕西省迁去的2013人）。

东平湖水库始建于1958年，1960年进行了试蓄水运用。为了保证按时蓄水，清库时迁出移民27.83万人。由于生产未安置好、生活困难、水土不服等原因，外迁移民陆续返库。

小浪底水库移民的规模和淹没影响相当大，涉及河南省的洛阳、济源、三门峡和山西省的运城共4个市的10个县（市、区）39个乡镇221个行政村，占地面积45.21万亩（其中耕地22.47万亩），移民20.14万人（其中河南15.94万人，山西4.2万人）。

（2）应对特大洪水灾害的滩区居民搬迁

新中国成立后，黄河滩区发生黄河洪水灾害严重的是1958年、1976年、1982年、1996年、2003年等年份，在此期间曾进行过移民迁安工作。如"96·8"洪水之后，从1996年到1999年年底，山东进行了一次大规模的黄河滩区移民搬迁工程，涉及山东境内沿黄9个地市760多个村庄的42万人，共投资16亿元人民币，累计建成新村庄304个，使16万人迁出了滩区。2003年秋汛灾后重建时，河南兰考外迁1.23万人，山东东明外迁2.15万人。截至2003年年底，黄河下游滩区共外迁206个村庄12.73万人。

（3）避洪和"扶贫开发"的滩区居民搬迁

避洪和"扶贫开发"的滩区居民搬迁案例，例如2003年开始实施的山东东明、平阴和河南范县、长垣利用亚洲开发银行贷款启动的黄河滩区安全建设项目的移民迁安；2013年陕西清涧县完成的黄河沿岸移民搬迁700户，共2802人。

2.1.2 "东明模式"和经验总结

黄河"96·8"洪水后，河南省开封市受灾村庄50个，受灾人口14.93万人，淹没耕地26.45万亩，倒塌房屋3931间，直接经济损失35228.28万元；濮阳市黄河滩区庄稼全部被淹，447个村庄被围困，300多个村庄进水，倒塌房屋11.3万间，造成危房20万间，死亡大牲畜5000多头，伤病死人口1.9万人，冲走和霉变粮食637.5万公斤，水毁桥涵洞建筑1867座、机井2196眼。山东黄河滩区受灾村庄570个，受淹人口35.86万人，淹没耕地6.76万亩，倒塌房屋9.21万间。

黄河滩区在灾后重建或解决避洪方面都进行过程度不同和规模不等的移民迁安，根据移民安置的方式，可划分为利用国家专项资金村庄整体外迁滩外的"东明模式"和利用亚洲开发银行黄河滩区安全建设项目修筑大村台的"平阴、范县模式"。

2.1.2.1 "东明模式"

2003年10月初，黄河在河南兰考县出现堤溃口，洪水涌入山东东明南滩，滩区有135个村庄共9万多人被洪水围困，11月上旬洪水才退去。为使滩区群众彻底摆脱洪水困扰，国家决定投入专项投资，把滩区部分村庄迁建到滩外，部分村庄修筑大村台就地避洪。其中，利用国家专项资金将滩区村庄整体迁出滩外是黄河滩区移民迁安比较成功的例子，本文称之为"东明模式"。

黄河决堤泛滥成灾后，东明县委、县政府在广泛征求滩区群众意见的基础上，提出兴建移民迁建工程。根据国家批复的移民迁建实施方案，确定对该县焦园、长兴集两乡滩区内的19个自然村4722户21464人实施移民迁建安置。19个村庄全部被安置到大堤外500米远的6个新村居住，每户移民宅基地标准为0.45亩。6个新村安置点分别选在三春集镇、刘楼镇，按照平均每户1.7万元的标准补助（其中1.5万元用于补助灾民建房，0.2万元用于公用基础设施建设）。该移民迁建工程，国家安排（国债）专项资金8028万元，其中灾民建房补助7083万元，公用基础设施建设945万元；同时，山东省地方各级政府安排配套资金5429万元。

在工程具体实施过程中，菏泽市采取非常举措，举全市之力，加快移民迁建工程进度，一是由牡丹区、曹县、定陶区、单县、成武5县（区）对口支援5个新村建设。该5县（区）除进驻援建队伍外，还从县财政拨出100多万元用于支援新村建设。二是菏泽市市直有关部门对口支援，交通、电力、教育、民政、卫生、水利等部门分别负责新村的道路、供电设施、学校、供排水等公共设施建设。2004年11月30日，经过菏泽市万名干部群众的集中奋战，东明黄河滩区移民迁建的6个新村、5所小学全部竣工。

2.1.2.2 经验总结

（1）政府主导，各级部门高度重视

东明黄河滩区移民迁建是国家重点工程，是新中国治黄史上一次大规模搬迁，受到了党和国家的极大关注。当时，胡锦涛总书记亲自到滩区视察灾情，温家宝总理、韩寓群省长先后对东明滩区移民迁建工作作出重要批示，副省长陈延明到菏泽市主持召开调度会，现场协调解决有关困难和问题。山东省政府组织联合调查组赴东明县进行专题调研，省发展改革委、省水利厅等有关部门积极支持移民迁建工作。菏泽市对移民迁建工作高度重视，选调得力干部组成督查组，建立指挥体系。督察组进驻6个搬迁新村，督促、检查、指导移民迁建工作。

（2）资金和土地问题得到很好的解决

按照国家批复的移民迁建实施方案，搬迁沿黄河大堤重灾区的焦园、长兴集两乡的19个村4722户21464人，在大堤外设6个新村进行安置。具体实施过程成功解决了滩区移民搬迁过程中最为关键的两大难题。一是资金问题，国家安排国债专项资金8028万元，地方配套资金5429万元。二是土地问题，山东省政府从实际出发做出指示：这些村庄要搬迁到堤外，越堤种田。菏泽市、东明县按照省政府的意见，利用公用土地和大堤内外交换土地的办法，解决了村址。规划安排的新村距离旧黄河滩区村庄只有500多米远，便于滩区群众正常地发展生产，解决了群众耕作半径成本和安土重迁的思想。同时，菏泽市政府采取特殊政策，要求所属牡丹区、曹县、定陶、成武和单县5个县（区）包干帮扶建造新村，大大推进了工程的进展速度，这也充分体现了社会主义集中力量办大事的制度优越性。

2.1.3 "平阴、范县模式"和经验总结

2.1.3.1 "平阴、范县模式"

从2003年开始，黄河下游滩区部分市县利用亚洲开发银行黄河滩区安全建设项目，对于耕地靠近黄河、搬迁后耕种不便的村庄，采取加筑村台的方法解决安全规避洪水问题。山东东明、平阴和河南范县、长垣等县（市）利用亚洲开发银行黄河滩区安全建设项目，修筑大村台集中安置滩区移民，是滩区群众安全规避洪水的成功例子，本文称之为"平阴、范县模式"。1998年长江、松花江大水之后，为贯彻落实中央关于"搞好灾后重建、整治江湖"的精神，在2000年相关部门向亚洲开发银行规划贷款3亿美元（国家统贷统还）用于"北部防洪项目"，其中1.5亿美元用于黄河中下游干堤修复和加固等，统称为亚洲开发银行黄河滩区安全建设项目。

黄河洪水管理项目的建设范围是小浪底水库至黄河口。项目分洪水管理、防洪工程、滩区安全建设、管理工程。具体项目内容有7项，其中滩区安全建设重点安排在济南以上河段频繁遭受洪水威胁的低滩区，初步确定为长垣、范县、兰考、东明、鄄城5个县45个村庄，工程建成后，可满足4.2万人就地避洪，同时安排部分撤退道路和桥梁。2005年，应河南省政府要求，取消了兰考县滩区建设项目。该项目的实施实际只在长垣、范县、东明、平阴等县开展，共安置3.8万人。

2003年亚洲开发银行黄河滩区安全建设项目山东段正式启动。该项目涉及11个自然村9795人，安全建设方案为就地就近安置，集中建设两个大村台：长兴南村台，包括6个自然村4288人，村台面积395亩；长兴北村台，包括5个自然村5507人，村台面积506亩。该项目包含的两个村台及撤退道路等工程于2004年实施完成，包括前后翟庄在内的11个自然村全部迁往新村台。此外，在2005年，亚洲开发银行黄河滩区安全建设项目为解决平阴县沿黄4个乡镇12个村2535户10340人的安全避洪问题，采用国家、地方、个人共同筹措的投资方式。项目建设中淤筑土方、附属工程、撤退道路及桥梁等投资由国家解决，占地和基础设施部分由地方政府配套资金解决，建房资金由个人自筹解决。项目资金由国家投资5400万元，地方配套资金共2300万元，群众自筹建房投资约2亿元。项目于2005年5月

开工建设，村台土方工程及撤退道路于2006年12月竣工，其中淤筑村台7个，新村台台顶面积为66.05公顷。群众搬迁工作于2013年6月完成，累计搬迁滩区群众2195户8780人，占计划搬迁人口的85%，满足移民要求。

2003年亚洲开发银行黄河滩区安全建设项目河南段正式启动。该项目在范县陆集乡所在地东侧修筑村台，村台东西宽600多米，南北长800多米，高6米多，坡比1∶3，面积1100多亩，和周围老台连成一体后面积有1500多亩，是迄今为止黄河滩区内全国面积最大、人口最多的一处村台。新村台总投资1.2亿元，工程主体投资7600万元，其他搬迁、基础设施建设等投资4400万元。新村台规模大，防洪标准高，设计高度可抵御黄河花园口2.2万 m^3/s 流量的洪水。项目于2004年开工建设，2006年完成建设任务。新村台解决了陆集乡9个村的8900余名村民的安全避洪问题，节约土地2500亩。本研究实地调查得知，不论是在山东还是河南，新村台上有学校、医院等，基础设施较为完善，居民安居乐业，调研专家对此移民安置模式普遍比较满意。

2.1.3.2 经验总结

（1）科学合理地规划

亚洲开发银行黄河滩区安全建设项目，重点解决滩区群众就近就地避洪问题，这些建设项目基本上属于低滩区，项目实施之前都经过前期细致的调研和科学合理的规划。项目立足于"废老台、建新台"，村台高度达4—7米，能抗御黄河花园口水文站12370 m^3/s 的洪水。村台面积按人均60平方米标准核定。

（2）政府主导、成功解决资金问题

亚洲开发银行黄河滩区安全建设项目东明段，由山东黄河河务局和当地政府共建。国家投入资金比例大，该项目村台土方及相应的交通建设完全由国家投入，地方各级政府、集体和个人负责群众住新房搬迁及相应的公用设施建设。再者，集中修筑大村台，便于将中心村镇规划与新型城镇化建设相结合，有利于节约土地资源和解决资金问题。如平阴县滩建项目仅旧村复垦一项，即可增加土地1400多亩，结合土地指标置换政策，可置换资金近亿元，为群众搬迁和建房提供了强有力的资金支持。东阿镇把滩建项目涉及的5个村的新村集中在一个村台上，建成了一个中心村，整体为二层别墅式住宅楼，已成为平阴县新农村建设的典范。

"平阴、范县模式"总体上是比较成功的，但也存在一些问题，如虽然村台建好了，但占用了大量的耕地，同时也有移民没有国家补助而未在村台上建房。主要有以下两方面。

一是群众的态度。群众从心里支持国家改善他们的生存环境；新村台台顶面积人均60平方米（含公共设施）的标准，百姓均不能接受；在新村台盖一个两层的楼房需要7万元左右，当地群众承受不了。

二是当地政府的意见。新村建设调地困难；对多年生活在滩区的百姓来说，黄河来水并不是那么可怕；建议滩区百姓享受滞洪区补偿政策。这些问题，应在黄河滩区安全建设中予以高度重视。

2.1.4 经验启示

2.1.4.1 尽快出台符合黄河流域的滩区政策和补偿标准

2000年，国务院颁布施行了《蓄滞洪区运用补偿暂行办法》（以下简称"办法"），明确对蓄滞洪区运用后的淹没损失进行补偿。在国家公布的蓄滞洪区名录中有淮河的黄墩湖、南润段等18个河道行洪区。2003年淮河发生大水，黄墩湖等蓄滞洪区实施分洪，洪水过后，国家按照该办法进行了补偿。黄河下游滩区既是行洪区，又是滞洪区和沉沙区，其性质、作用和淮河流域的蓄滞洪区、行洪区完全相同，且在处理泥沙方面更具有特殊的功能。该办法的出台和实施，为黄河滩区享受蓄滞洪区受灾补偿政策提供了依据。因此，对黄河下游滩区实行补偿政策是非常必要的，国家应尽快根据国家蓄滞洪区管理的相关规定和条例，以及洪水淹没风险和滩区功能分区方案，制定出符合滩区情况的黄河下游滩区蓄滞洪淹没损失补偿政策与实施方案，做到因滩制宜，区别对待。

2.1.4.2 政府主导，加强组织管理

以往移民迁安成功的"东明模式"，就是由政府主导利用国家专项资金科学规划实施的，缜密合理的组织管理所发挥的作用应高度重视。尽管"东明模式"属于灾后的特事特办，很成功，也很难复制，但成功的工作组织模式对今后滩区

创造条件进行村庄外迁有一定的借鉴意义。村庄外迁方式是通过居住迁移，将黄河滩区内村庄迁至黄河大堤的背河侧，变滩区居住为滩外居住，这种方式能够彻底解决滩区群众的安全问题。"东明模式"就是很好的样本，使部分群众率先得到一个安全的居住环境。另外，黄河下游滩区的"平阴、范县模式"之所以取得比较好的效果，同样与黄委会和当地各级政府的大力支持是分不开的。

2.1.4.3 移民迁安方式要因地制宜

滩区移民迁安要因地制宜，科学规划，切勿一刀切。在全面摸清河南黄河滩区社会经济状况和村庄空间分布的基础上，按照黄河洪水4000 m^3/s、6000 m^3/s、8000 m^3/s 的流量进行模拟测算，确定具备搬迁的村庄类型，分清轻重缓急，分步实施。秦明周等利用遥感影像、水文站点观测资料，按照黄河下游二维水沙数学模型，计算生成不同流量级大洪水在开封黄河滩区的可能淹没范围图（淹没区边界），认为为保护下游滩区群众生命财产安全，6000 m^3/s 洪水行水线下的村庄最好整体迁出至大堤之外。此工作方法可推广应用于河南黄河滩区需要整体村庄外迁的评估。

村庄迁出滩外和修筑大村台有机结合。村庄整体迁出滩外不仅需要资金支持，而且涉及滩区居民的搬迁心理和生产半径。村庄迁出滩外的适用对象：大堤两侧均有居民和土地的"骑堤村"（按距大堤1公里以内控制）；房屋或土地被黄河冲毁的"落河村"，可搬迁到背河。河南省黄河滩区采取村庄迁出滩外安置方式的成功与否，取决于国家和政府资金的投资能力。2014年12月25日，河南省政府在得到《国家发展改革委关于印发河南省黄河滩区居民迁建试点工作的复函》的情况下，也仅限于先行选择范县、封丘、兰考3个县4个乡镇中受洪水威胁较大、能整村外迁安置的14个村庄，开展迁建试点工作。

2.2 山区居民迁建案例分析及经验启示

2.2.1 武陵山区易地扶贫迁建

武陵山少数民族地区位于湖北、湖南、重庆、贵州四省（市）交会地带，片区涵盖70余县市,总面积约为15万平方千米,总人口达3000万,其中,土家族、苗族、侗族、仡佬族等少数民族人口约900万,是我国跨省(市)交界地区人口最多的少数民族聚集地区。2011年,农村人均纯收入为4132元,贫困发生率为45%左右,远远高出全国平均水平。2012年,武陵山区人均生产总值在14个集中连片贫困地区排名第九。由于地理、历史、教育等方面原因,长期以来此地呈现出贫困程度深、分布面积广、脱贫能力弱的特点,在国家实施乡村全面振兴的战略背景下,武陵民族地区基于各省贫困现状,在政府主导下开启了易地扶贫迁建进程。

利川市隶属于湖北省恩施土家族苗族自治州,地处武陵山地区,该地区易地迁建安置分为集中安置和分散安置两种方式。集中安置点的建设以迁建居民的可持续发展和稳定脱贫为基本前提,确保将集中安置点建设与新型城镇化建设有效融合。通过实施易地扶贫迁建,武陵山民族地区的生态环境得到保护,绿水青山面貌得到恢复,生态保护屏障得到巩固,易迁户生存发展空间得到拓宽,为乡村全面振兴的实现打下了坚实的基础。

利川市文斗乡易地扶贫迁建工程,采取以集中安置为主、分散安置为辅的措施,完成易地扶贫迁建1217户,有效保障了6798名居民的住房安全。按照文斗乡区位分布的实际情况,安置龙腾大道、沙坝、十字路、锦屏、龙口、长顺、黄土、青龙、火石垭9个集中安置点,其中龙腾大道312户、沙坝87户、十字路51户、锦屏23户、长顺273户、龙口55户、黄土102户、青龙76户、火石垭166户,共集中安置1145户,分散安置72户,集中安置率高达94%。

为了使迁建居民"留得住、过得好",当地政府通过土地流转、建立产业基地吸纳务工、农副产品收购、参与入股分红等方式,着力解决移民就业问题。同时,结合文斗地区山岭重叠、垂直落差大、气候变化大等自然地理条件,顺应传统产业优势与居民养殖习惯,将产业发展与环境发展相协调,全面提升文斗地区农业产业化发展水平。此外,各项惠民政策应落尽落,使迁建贫困户应保尽保,其他社会福利事业、医疗卫生事业也应投尽投,保障迁建区居民后续生活、生产可持续发展。

2.2.2 秦巴山区陕南生态移民迁建

秦巴山区北靠秦岭，南倚巴山，位于秦巴山区集中连片腹地，山区丘陵占全县总面积的92%。多年来，山区居民饱受基础条件落后及滑坡、泥石流等自然灾害影响，居民生产生活和生命安全遭受着较大的威胁，贫困户比例比较高。2010年陕西省委、省政府针对陕南地区作出重大决策，启动陕西南部地区移民迁建安置工程，让地处陕南地区地质和山洪灾害高发区的农村居民搬出，彻底远离地质灾害，并借此契机通过产业发展、城镇化建设等方式让农民逐步摆脱贫困。

洋县隶属于陕西省汉中市，北靠秦岭，南倚巴山，地处秦巴山区。多年来，陕南移民迁建工作为彻底改善洋县农民居住和生活现状提供了难得的机遇。自2011年实施陕南移民迁建以来，陕西洋县全力推进移民迁建工作。2011年，建设集中安置点28个，完成迁建2661户，入住率100%。2012年，建设集中安置点37个，共完成迁建4277户，分房入住3800户，入住率近89%。2013年底全县共建设集中安置点84个，完成迁建10258户33840人。

洋县山区移民迁建采用多种安置方式。在集中安置基础上，扩大上楼安置比例，2011—2012年，楼房化安置2042户，占集中安置的37%。上楼安置方式有效节约建设用地3000亩。在楼房化安置中，按照迁建户60平方米出资1万、80平方米出资2.5万、100平方米出资4万元和特困户不出钱的要求实施，提高了居民迁建积极性。

在迁建居民后续发展方面，在探索土地增减挂钩方式、企业代建方式的同时，重点探索了陕南移民迁建、农民进城落户和保障房三项政策结合方式。2012年，洋县拿出828套廉租房用于陕南移民迁建安置，对移民迁建对象中愿意进城落户且符合廉租房申报条件的，可申请取得廉租房认购资格。从实施情况看，政策的出台很受迁建居民欢迎，房屋供不应求，顺利实现了政策统筹配套、共用共享、叠加推进，促进了移民迁建和城镇化同步发展。

2.2.3 经验启示（见表2-1）

表2-1 山区居民迁建案例分析及经验启示

类型	问题	启示
武陵山区（利川）易地扶贫迁建	一是思想观念有差距；二是配套政策跟不上；三是资金压力大；四是土地矛盾仍突出；五是移民迁建腾退拆旧宅基地未得到及时整治利用。	一是加强政策宣传，鼓励迁建对象自愿下山入川；二是创新安置方式，推进移民安置顺利发展；三是多措并举，确保移民人心稳定。
秦巴山区（洋县）陕南生态移民迁建	一是产业发展面临现实困境；二是产业吸纳就业能力弱；三是移民存在社会边缘化风险；四是公共基础配套设施薄弱；五是户籍出现两地管辖难题；六是移民精神家园亟待重塑。	一是科学选址，拓展附近集镇发展；二是引进企业，解决移民就业问题；三是鼓励创业，提高自我发展能力；四是精神引领，着重加强社会治理；五是持续发力，加快产业升级转型。

2.3 南水北调丹江口库区居民搬迁案例分析及经验启示

2.3.1 库区居民搬迁案例

南水北调工程是迄今为止世界上最大的跨流域生态调水工程，是党中央、国务院决策实施的重大战略性基础设施项目，该工程实施经过了两个阶段。

一是20世纪50—70年代修建水利枢纽工程。该工程首次迁建人数达38.2万人，其中迁往外省外县17.1万人，占44.8%；首次迁建因为安置地的生活条件较差，以及背井离乡造成生产生活、社会关系的隔断，外迁移民生活常处于贫困状况，造成10.8万人返迁。

二是21世纪初南水北调中线工程的启动。该工程移民34.5万人，农村外迁达22.9万人。其中河南规划迁建安置农村移民16.5万人，建设移民安置点208个；湖北动迁人口18万人，农村移民15.5万人，外迁安置移民7.38万人。

丹江口水库北接河南，南连湖北。因此，南水北调丹江口库区居民搬迁在河南、湖北两省同时启动。

在河南省，丹江口水库正常蓄水位由157厘米提高至170厘米，水位抬高淹没影响涉及河南省淅川县11个乡镇184个村1276个村民小组，3座城（集）镇、142家单位、36家工业企业及若干专业项目，迁建安置农村移民16.5万人，建设移民安置点208个。湖北省丹江口市和河南省淅川县的丹江口水库移民人数多、安置任务重、迁建时间紧、质量要求高。河南省委、省政府根据广大移民早迁建、早发展的迫切愿望和移民工作"大干问题不大、小干问题不小"的特点，以及应对世界金融危机、推动经济增长的需要，经审慎决策，提出了"四年任务、两年完成"的安置目标，举全省之力，于2012年全面完成了丹江口水库移民迁建安置任务。实际迁建安置农村移民16.55万人，其中，出县外迁安置14.62万人，占88.34%；库区安置1.93万人，占11.66%。

在湖北省，库区移民外迁安置，安置方式主要分政府组织的大规模外迁和移民自主分散外迁两种形式。从2009年8月开始试点外迁和整体外迁，2010年11月，实际外迁移民76652人，涉及9个市18个县（市、区）75个乡镇194个移民安置点。

2.3.2 经验启示

通过多年努力，河南库区移民迁建得出以下启示。

一是做好移民村与安置点对接。丹江口库区移民大部分采用出县外迁安置方式，需做好移民村与安置点的对接。安置点选取相对集中且区位优、交通便捷、水土条件好的区域，对安置区进行整合优化时，重点考虑三个因素：①安置点尽量位于城镇、主要交通干道、工业区附近以及其他条件较好的地方；遵循在生产、生活条件许可的前提下，各安置点的人口规模原则上不少于500人，有条件的应整合扩大到1000人以上；外迁移民原则上以村为单位成建制地迁建，尽量不拆分安置；②根据移民村和安置点的区位，经济发展水平，土地资源，基础设施状况，耕作习惯，发展第二、三产业的环境和条件，生活习俗等因素，按照"初步设计对接框架原则不变、迁安条件大体相当、任务容量基本匹配"的思想，完成总体对接；③对接完成后，在进行实地考察的基础上，确定具体的对接方案，落实具体建房地点和生产用地地块，由移民村迁安组织与安置地乡（镇）人民政府签订移民安置确认书。

二是安置区建设充分听取移民意见，引导移民全程参与。建房地址选择、房屋户型确定、居民点平面布局确认等充分听取移民意见，选择地质条件适宜、交通便利、水质良好、便于排水的地区建设安置点。房屋型式由移民村组织在河南移民安置指挥部办公室印发的户型方案设计图集中选择，也可由移民自主选择。居民点的设计坚持与社会主义新农村相结合，与地区经济发展和乡镇规划相衔接。

与此同时，湖北库区移民迁建得出以下启示。

一是湖北省政府执行以土地为本、以农业安置为主的安置原则，将外迁移民尽量安置到土地资源较为充沛的安置区，保证外迁移民到达迁入地后承包地达到或超过当地农民的平均水平。根据三峡大学水库移民研究中心的居民调研，移民迁建后人均土地面积比迁建前平均增加386平方米，住房面积增至160平方米以上，住房主要是一层或二层砖混结构，也是结合新农村建设统一规划建设，由移民自行购买。在此过程中移民获得水利水电工程征地补偿款，移民补偿标准提高。

二是农民外迁出省或县后短期内影响农业生产。迁建前丹江口水库移民主要生活在丘陵山区，一般种植蔬菜、柑橘、红薯等作物，外迁后安置地分得的土地一般为平原，适合水稻种植以及大规模机械化操作，移民对生产经营方式的转变需要一个适应过程。因此，大部分移民尤其年轻移民选择承包地流转，到外地打工。

2.4 国外居民搬迁案例分析及经验启示

2.4.1 泰国北部山区移民

泰国北部山区和南部城市的经济发展水平差别极大，北部山区少数民族众多、经济文化落后，泰国人习惯把居住在山区的少数民族称作"山民"。这里的少数民族人均居住面积为每平方千米2.5人，平均每村有17.7户。20世纪50年代，这里以原始农业为主，农作物单产极低，过度垦殖现象严重，2—3年就迁移易地耕作，这导致了严重的生态后果和社会问题。一方面是自然和生态环境的严重破坏，水土流失严重，珍稀动植物品种锐减；另一方面是严重的社会问题，罂粟的种植成为北部山区很多民族的主业，制毒、贩毒、吸毒泛滥，致使这些"山民"一直生活在封闭、落后、贫困和恶劣的环境中。

为帮助居住在泰北山区的少数民族摆脱贫困、发展经济，泰国国王普密蓬·阿杜德（Bhumibol Adulyadej）提出泰国山民经济发展计划，即"国王计划"。为了保证计划的顺利实施，"国王计划"专门成立了基金会，资金主要来源于泰国民众的捐献、泰国政府的拨款和外国政府的资助。

从1959年开始，泰国政府通过加强基础设施建设，强化农业产业扶持，加强农产品营销支持，加强实用技术推广，加强教育和医疗体系建设，统一规划"山民自助居住区"等一系列措施，在泰国中、南部建立"山民自助居住区"，使当地生态环境得到了有效保护和改善，居民生活、生产水平得到提高。

2.4.2 苏丹达尔富尔荒漠化移民

20世纪80年代初期，长时间干旱伴随着荒漠化，导致苏丹达尔富尔北部地区环境承载力大大下降，许多地区平均降水量比往年减少了50%，导致连续几年农作物减产甚至绝收。当地通过移民安置方法来应对干旱问题和日益严重的荒漠化问题，主要做法是将达尔富尔干旱少雨、荒漠化严重的北部地区农民迁建到雨水较为丰沛的达尔富尔南部。达尔富尔地区移民安置优先考虑北部地区向南部地区迁建的移民以及最贫困的移民，主要通过在已经建成的农村社区进行安置、重新选择安置点新建社区安置等两种方式。

每个安置点的家庭数量一般在50—100户，政府给每户家庭留出足够的空间用于建设房屋、粮食储藏室和开辟菜园等。每个安置点都有足够的空间建设学校、卫生室、办公场所和小市场等，安置点基础设施建设过程分阶段进行，先建设移民需求最迫切的部分。另外，明确居民对土地的使用权，每个家庭分40 Feddans（费丹，埃及面积单位，1费丹 ≈ 0.42 hm^2）土地，在农业发展过程中尽量保持达尔富尔地区传统农业系统的多样性，避免发生像达尔富尔北部地区的荒漠化。同时，为了满足移民短期内尽快适应生活、生产的需要，政府为移民提供从迁出区到安置点之间的交通运输、至少两年的粮食、简易安置住房建设所需的各种当地原材料以及谷物种子、蔬菜种子和手工劳动工具。

当地农业部门估计，1983—1985年，达尔富尔地区130万人中约有50万人从达尔富尔北部地区迁出。

2.4.3　国外居民搬迁经验启示

世界各国自然环境、资源状况、经济水平和人文历史等方面不同，选择的移民安置方式也各有不同，在政策扶持、组织管理、补贴标准、利用国际援助和环境保护等方面积累了宝贵的经验，国外经验对于我国居民迁建具有重要的借鉴作用（见表2-2）。

表 2-2　国外居民搬迁经验

类型	经验启示
泰国北部山区移民	强化迁建政策宣传； 开展多种迁建形式探索； 重视迁建后续发展； 移民权益得到较好的保障。
苏丹达尔富尔荒漠化移民	建立灵活高效财政支持体系； 注重发挥非政府组织的作用； 因地制宜发展后续产业； 高度重视生态环境建设； 选择实施差异化管理策略。

第 3 章　黄河滩区居民迁安模式与差异性分析

通过对河南、山东两省滩区居民迁建安置情况的实地调查，黄河滩区外迁安置主要有传统村落安置方式下生态田园模式、乡镇社区安置方式下特色小镇模式、县城社区安置方式下城乡融合模式三种方式，涉及44.52万人，占比49.13%，主要体现在河南省境内滩区居民易地迁安工作当中。在山东省境内主要呈现出就地就近筑村台、筑堤保护、旧村台改造提升、临时撤离道路改造提升等4类滩区居民就地安置模式。

3.1　黄河滩区居民易地安置模式

3.1.1　传统村落安置方式下生态田园模式

3.1.1.1　具体内涵

传统村落安置方式下的安置区位于黄河堤外的水土资源富集区域，其发展方式要秉持"绿水青山就是金山银山"的新发展理念，立足滩区水土资源丰富优势。此地40—50岁的农民较保守，务农经验较多，习惯农事农耕生产生活。类似的传统村庄必须进一步贯彻落实"绿水青山就是金山银山"新发展理念，在积极发展村集体经济和农民合作经济的同时，通过对外招商引资、引才引智，采取村企合作、社企合作的市场化运作方式，探索"生态优先、绿色发展""一村一品"的生态田园发展模式（见图3-1）。

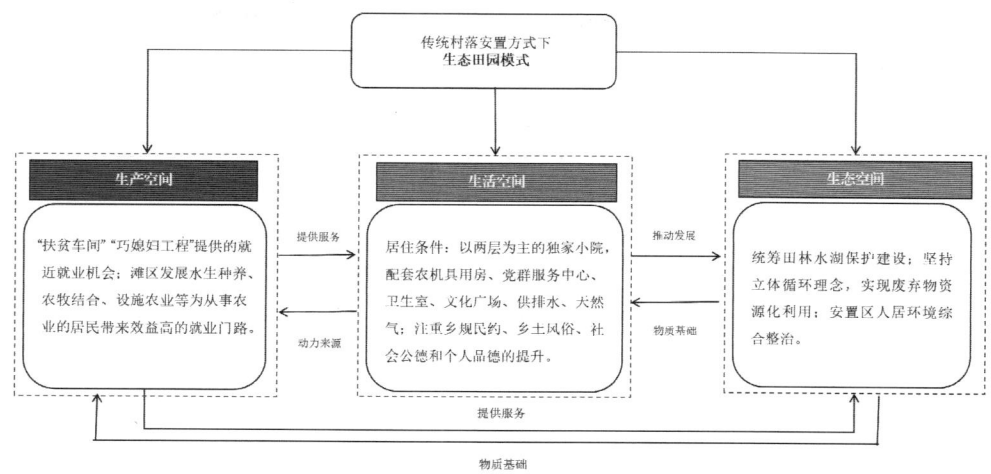

图 3-1　传统村落安置方式下生态田园模式示意图

3.1.1.2　构成要素特征

生产空间的构成要素特征：一是安置区为居民开设创办"扶贫车间""巧媳妇工程"等，带动迁安妇女就近就业；二是安置区居民仍经营农地，立足村庄水土资源丰富的资源生态优势，大力发展水生种养、农牧结合、设施农业、粮草兼顾立体循环的特色产业，使更多从事农业的居民增收，为居民带来效益高的就业门路。在此基础上大规模建设本地特色资源产业化生产基地、展示基地、加工基地和科技示范推广基地，打造具有地方特色的种、养、加一体化绿色经济体系。

生活空间的构成要素特征：居住以两层为主的独家小院，配套有农机具储藏室、党群服务中心、卫生室和文化广场，村内道路全部硬化，供排水网管齐全，可以使用天然气。同时以政府和企业开展的乡村生态环境治理、公共设施建设、农业产业化等项目为载体，构建集体行动能力强的"村两委＋经济合作组织"的乡村治理体系。此外，为加强乡村传统文化、乡规民约、乡土风俗、社会公德和个人品德的现代化提升，通过"星级文明户""夸媳妇、贺娘家""新乡贤""文明庭院"等评选活动，大力宣传先进人物的典型事迹，设立文明家庭光荣榜，努力营造健康向上的良好氛围，促进乡风民俗文明化、现代化。

生态空间的构成要素特征是以打造宜居的乡村生态为目标，坚持立体循环发展理念,强化"生态优先"引领的村庄发展规划,统筹田林水湖保护建设,开展农村人居环境综合整治,推动农村基础设施提档升级;同时,加大秸秆、粪便等废弃物资源化利用程度,达到种养良性循环,变废为宝,在实现农村资源高效循环利用的同时,减少自然资源耗费,维护生物多样性,改善农村生态生活环境。

3.1.2 乡镇社区安置方式下特色小镇模式

3.1.2.1 具体内涵

乡镇社区安置区占全部迁建村的80%左右,距离原村庄10千米左右,人均耕地资源相对偏少,但交通区位总体较好,人文资源较为丰厚,二、三产业和农产品交易市场相对活跃,安置社区周边通常配套有一定规模的产业集聚区、农业园区;村庄生产基础设施和生活设施都有较大改善,村社一般都有一定规模的商业性村集体房产,可以发展用于生产、生活性服务业。这类村庄应选择"三产融合发展"的乡村全面振兴道路。根据安置区自然资源和经济资源禀赋特征,此类乡村可以进一步分为两类:其一,可利用滩区生态资源的村庄,走生态农庄发展模式;其二,难以利用滩区资源的村庄,探索特色小镇发展模式(见图3-2)。

3.1.2.2 构成要素特征

生产空间的构成要素特征:一是根据滩区的湿地、水等资源禀赋特征,发展以农业种植、休闲观光、旅游为主的田园综合体方式,带动居民从事小商业,如范县陈庄镇以莲藕、泥鳅混养为主打造田园综合体;二是根据安置区所在乡镇的区位、经济条件,生产生活设施建设条件,重点加速推动农业生态小镇、电商小镇、美食小镇、手工业小镇、花木小镇等新业态,走"三产融合发展"的特色小镇发展道路,吸纳安置区更多劳动力从事非农就业。

生活空间的构成要素特征:居住房屋多是中高层楼房,配备便民服务大厅、卫生室、老年人日间照料中心、文化娱乐中心、集贸市场等,居住生活条件与迁建前相比得到很大程度的提升;同时建立公共图书室、公共娱乐场和健身设施等共享资源,提高安置区迁建居民的现代文明程度。此外,通过共商、共建、共享方式,建立健全养老、就医、就学等乡村公共事业及文化娱乐公共设施,全面提升安置区的公共服务水平。

生态空间的构成要素特征：顺应地形地貌，融入湿地、水等要素，挖掘本地特色资源、文化和区位优势，推进滩区湿地保护，加强滩区资源生态保护，通过"旅游+""互联网+""康养+"的特色发展方式，促进观光采摘、农家乐、民俗体验等绿色生活新业态，大力推进"三变"（农村资源变资产、资金变股金、农民变股东）改革，推行"企业+合作社+居民""村社一体、村企一体"的资源运作方式，随时带动居民通过土地入股、集体分红等多种方式，利用滩区资源增强就业渠道和收入来源。

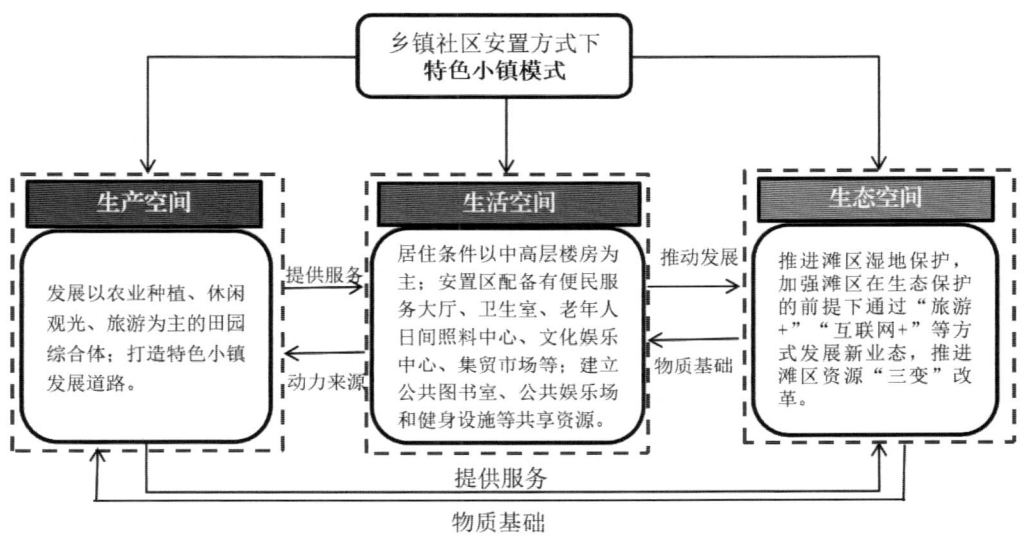

图 3-2 乡镇社区安置方式下特色小镇模式示意图

3.1.3 县城社区安置方式下城乡融合模式

3.1.3.1 具体内涵

县城社区安置区一般是安置在县城拓展区或新区，居民家庭中年轻人占比较大，虽然居民在原住地仍有一定的承包地，但居民大多不愿返乡种地，而是希望在县城从事非农产业或寻找创业机会，实现市民化，真正融入城市。此类乡村具备利用安置区劳动力资源、集体资产等资源发展城市生活服务产业的优势条件，应该立足安置区协调发展和满足城市生活现代化需求，创新村集体产权和"三变"

实现机制，组建合作社、村属企业等新型集体经济，融合城乡资源、经营资产、服务城市、创新发展，走城乡融合的协调发展模式（见图3-3）。

3.1.3.2 构成要素特征

生产空间的构成要素特征：坚持"产业带动就业、平台带动提升"的发展思路，充分利用留作集体固定资产的房产、店铺、商业楼宇，积极建设特色农产品交易市场、社区智慧便利店、家乡农产品直销店、直销市场等城市生活服务业；通过村集体合作经营、租赁经营、承包经营等多种形式，创建安置户创业就业有效载体，既发展壮大农村集体经济，又促进村民财产性、经营性等多元化收入来源。

生活空间的构成要素特征：安置区位于县城，房屋是城市商品房，以高层楼房为主，配套设施及公共服务设施与县城一体化，农民变成了市民，同时探索"三治融合"社区治理方式，以社区党组织和自治组织建设为抓手，提高党群组织号召力，以自治发挥迁建居民的主体性作用与活力。此外，加大社区健身花园、休闲广场、共享菜园等宜居宜业的生活生态空间建设，完善公共服务等措施，通过改造提升，打造一批现代化的新型社区。支持社区居民组织筹办便民生活常识讲座、健康运动比赛、广场舞比赛、书法绘画学习班等公共生活、文化娱乐活动，让进城的农民安心、放心、开心地融入城市，从生产到生活全方位共享城市文明。

生态空间的构成要素特征：滩区资源的生态规模有效利用，迁建安置户已变成市民，不愿继续经营农地，促进滩区资源的规模化、绿色化、标准化利用，安置户期望通过土地流转、入股等获得财产性收入。

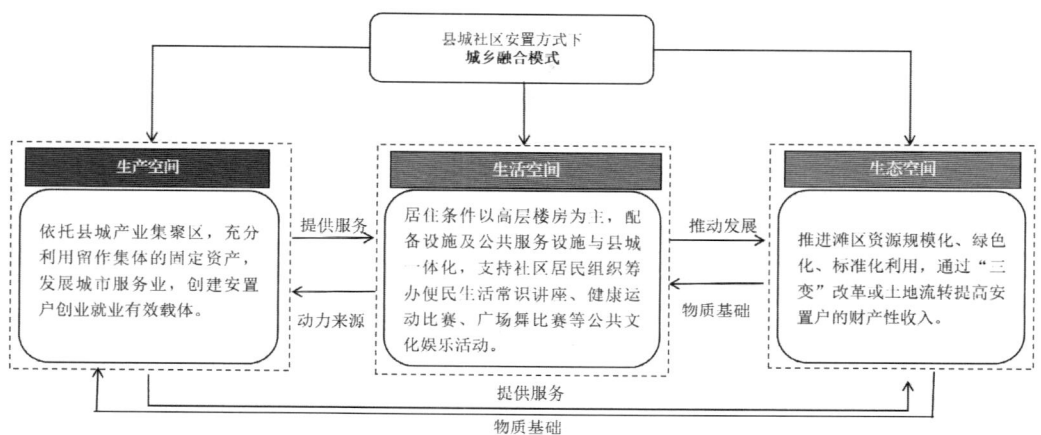

图 3-3 县城社区安置方式下城乡融合模式示意图

3.1.4 迁安模式差异性分析

黄河滩区发展包括滩区资源的生态高效利用，安置区产业发展、居住条件、基础设施及公共服务设施的配套、精神文化、生活环境等，这些构成要素在三种不同模式下，在生产、生活、生态空间统筹协调方面存在显著的差异（见表3-1）。

三种模式下滩区的生态空间均需要进行生态保护，建立生态补偿机制。通过实施生态修复和保护、林业生态工程等建立沿黄生态涵养带，在此基础上打通转换通道，促进滩区资源生态高效利用，但是在滩区具体利用方式以及安置区产业发展为居民提供的生产空间方面存在显著的差异性。

传统村落安置方式下生态田园模式的生产、生态空间主要依赖于滩区资源的生态高效利用，安置户的居住地离原有住房较近，对滩区资源的禀赋效应最强，期望在政府的引导下发展水生种养、农牧结合、设施农业等符合生态保护又能为小区居民带来高效益的农业就业门路。

乡镇社区安置方式下特色小镇模式的生产、生态空间依托于农业生态小镇、电商小镇、美食小镇、手工业小镇、花木小镇等特色小镇的打造，吸纳安置区更多劳动力从事非农就业，同时滩区资源的多业态、多功能利用为安置户带来更多从事农业或小生意的机会。

县城社区安置方式下城乡融合模式居民不再依赖滩区资源的生态高效利用为居民带来的就业，只是通过滩区资源的规模化、绿色化、标准化利用提高财产性收入，安置户的就业主要是依托县城产业集聚区的吸纳能力以及利用留作集体的固定资产，发展城市服务业，创建安置户创业就业有效载体。

三种模式下的生活空间构成要素特征同样存在显著的差异性。

传统村落安置方式下生态田园模式的生活空间居住条件有所改善，多是两层为主的独家小院，保留了乡村的田园美景，配备了农机具储藏室、党群服务中心、卫生室和文化广场，通过"星级文明户""夸媳妇、贺娘家""新乡贤""文明庭院"等评选活动，增强乡风民俗文明。

乡镇社区安置方式下特色小镇模式的生活空间居住条件大大改善，配备有便民服务大厅、卫生室、老年人日间照料中心、文化娱乐中心、集贸市场等，同时建立公共图书室、公共娱乐场所，完善健身设施，提高安置区迁建居民的现代文明程度。

县城社区安置方式下城乡融合模式的生活空间居住条件、周围配套设施等与县城并无两样，支持社区居民组织筹办便民生活常识讲座、健康运动比赛、广场舞比赛等公共生活、文化娱乐活动。

表 3-1 滩区居民迁安模式差异性对照表

模式类型	生产方面		生活方面			生态方面
	安置区产业发展	滩区资源的生态高效利用	居住条件	配套设施	精神文明	生态环境保护
传统村落安置方式下生态田园模式	"扶贫车间""巧媳妇工程"	发展水生种养、农牧结合、简易设施农业等产业为从事农业的小农带来效益高的就业门路	两层为主的独家小院	农机具储藏室、党群服务中心、卫生室和文化广场，交通便利，供排水网管齐全、天然气	通过"星级文明户""夸媳妇、贺娘家""新乡贤""文明庭院"等评选活动，促进乡风民俗文明化	建立生态补偿机制，实施湿地修复与保护，实施林业生态工程，构建沿黄生态涵养带；在此基础上，通过资源生态高效利用，打通滩区"两山"理念转化通道
乡镇社区安置方式下特色小镇模式	农业生态小镇、电商小镇、手工业小镇等吸纳就业	依托特色产业等资源禀赋条件发展具有多功能的田园综合体方式	中高层楼房	便民服务大厅、卫生室、老年人日间照料中心、文化娱乐中心、集贸市场等	建立公共图书室、公共娱乐场所和健身设施等共享资源	
县城社区安置方式下城乡融合模式	靠近产业集聚区，利用留作集体的固定资产发展城市服务业	通过土地流转或入股推进滩区资源规模化、绿色化、标准化利用	高层商品房	安置区配备设施及公共服务设施与县城一体化	支持筹办便民生活常识讲座、健康运动比赛、广场舞比赛等公共生活、文化娱乐活动	

3.2 黄河滩区居民就地安置模式

黄河滩区居民就地安置模式集中体现在山东省境内，具体呈现为就地就近筑村台、筑堤保护、旧村台改造提升、临时撤离道路改造提升等4类滩区居民安置模式。

3.2.1 就近淤筑大村台

该模式充分考虑到稍远的村庄滩区群众迁至滩外劳动成本高，农作物的管护难度大，群众故土难离、不愿背井离乡等因素。山东省配套出台农业、水利、交通、教育、文旅等26个迁建专项方案，在滩区房屋设计过程中，结合群众实际需求，坚持高标准规划设计，村台社区以省级美丽村居示范点标准建设，融入黄河文化元素，并突出体现滩区"滩、林、田、居、俗"五大特色，建造出高度3—4米，能够集中多村搬迁群众的一个大村台。

筑村台安置征地根据《黄河流域综合规划（2012—2030年）》的要求及已建试点工程标准，人均用地面积80平方米（包括公共设施用地、生产设施用地、仓储用地、交通用地、道路广场用地、工程设施用地和绿地等）。住房面积参照国家发展改革委、财政部、水利部《关于帮助各地开展大中型水库移民避险解困试点工作的通知》及已建试点工程标准，人均住房面积按40平方米控制。

3.2.2 筑堤保护

筑堤是指修筑建造黄河河堤。黄河河堤，是指在河南省、山东省境内黄河河道两岸修筑的束范河水的堤防，是黄河防洪工程系统的主要组成部分，其作用是保障黄河下游干流堤防及主要支流河口段堤防的安全。黄河河堤主要是由堤防、坝垛和护岸构成，为了防止水流淘刷，在直接临河的堤段上修筑丁坝、垛和护岸工程，成为"险工"；不靠河段的堤段，习惯上称为"平工"。

在山东省境内筑堤保护，主要是为提升仍有居住条件且不愿搬迁的滩区村民生产、生活、生态环境的安全性。结合黄河下游实际情况，采取新筑堤防或加固原有堤防两种方式。加固堤防主要对堤身隐患，采取锥探、灌浆的办法来巩固。

3.2.3 旧村台改造提升

村台是黄河滩区村庄独有的一种建筑形式，主要是滩区广大群众为了抵挡洪灾，在自建房屋时从户外拉土垫成高台，然后在高台上面建房，这种高台就叫"村台"。村台里，每家住户的房前屋后还种满树木用来固土，滩区村子里各家各户的村台高低错落，各自为营；村中道路也因此崎岖不平，遇到雨天泥泞不堪，低洼的路面大量积水，出行很不方便。因此，黄河滩区居民常年面临"三年攒钱，三年垫台，三年盖房，再用三年来还债"的窘境，很多滩区群众把一生的精力和财富都用在了垫台子、盖房子上，导致生活困难。

此外，因黄河沙大，水退沙不退，滩面越淤越高，为防水淹，只能不断加高房台，有的房子台基已同老房屋顶一般高。长时间得不到修缮、提升，原有村台破烂不堪，抵御灾害能力弱化，在黄河涨水、泛滥时，居民面临洪涝灾害风险。因此，需要对仍适合人居的村台基础设施进行改造提升。

3.2.4 临时撤离道路改造提升

黄河滩区临时撤离道路改造提升，是对滩区现有的与居民生活、生产紧密相关的道路进行加固、延伸、拓展等，与原有道路一起共同构成滩区内外衔接、城乡互通、四通八达的交通路网，进一步畅通滩区道路体系，更好地方便滩区群众日常出行，以及更大程度地满足洪汛期间群众快速撤离的需求，更有力地保障人民群众生命、财产安全。临时撤离道路建设标准参照平原微丘三级公路。

3.2.5 不同安置模式与居民生产生活

根据山东黄河滩区环境现状分析，其生态系统主要功能是：涵养水源、补充地下水、削减洪峰、防止洪涝灾害；湿地多样性保护；防风固沙。

黄河滩区不同村庄就近迁安，将扩大河道行洪断面，有利于黄河河道行洪，降低黄河涨水发生洪涝灾害对滩区居民生产、生活的影响程度。而村台对河段行洪的影响，主要是村台修建后过水断面的减少，使设防水位有所抬高。因此，山东省规划新建村台面积占滩地的比例很小，由过水断面减少而引起的水位抬升几乎可以忽略不计。护城堤保护部分长平滩区的居民，但护城堤建设将缩窄河道过流断面，增高影响范围内的设计防洪水位，减小蓄滞洪量。总之，外迁可以一劳永逸地解决洪水威胁问题。

滩区居民迁建工程、撤离道路虽然占用一些耕地，但是总体占比很小，对整体土地资源影响很小，对农业生产影响有限。并且迁建旧村进行复耕，总耕地面积不但没有减少，反而增加。外迁居民迁往滩外，仍种植原有耕地，增加了耕作半径，进一步扩大了居民生产空间。

此外，村庄的外迁合并，可以减轻黄河滩区的生态压力，几种迁建模式的实施，并不会改变当地的生态环境现状，不会影响该区域生态系统的功能。因此，滩区居民生态不仅得到保护，而且就地就近统一布置供水、排水、交通等基础设施，可使新建村庄布局更合理，环境更优美，增强乡村宜居程度。

3.3 滩区迁建与区域发展关系

3.3.1 滩区居民外迁安置与脱贫致富

一是不仅能够彻底解决滩区群众防洪安全问题，而且能够为进一步完善黄河下游防洪体系创造条件。

二是加快滩区群众脱贫致富。滩区居民外迁拓宽滩区群众发展空间，从根本上解决贫困问题。

三是促进土地规模化经营，发展现代农业。实施滩区居民迁建，开展原村庄拆旧复垦，与原有承包地集中连片实施土地整理等高标准农田建设项目，能够有效改善原有耕地生产条件，提高各类经营主体承接流转的积极性，为大规模土地流转创造条件，有利于吸引先进生产要素发展现代农业。

四是促进滩区人口有序转移，推进农民非农化就业和新型城镇化建设。通过依托县城、重点镇、产业集聚区和农业产业化集群集中建设安置区，能够显著改善滩区群众的居住环境和生活条件，提升公共服务水平，增强人口吸纳能力，实现人口转移与产业发展、城镇建设的良性互动，加快沿黄滩区县（市、区）新型城镇化步伐。

五是增强保护滩区生态环境，构建生态安全屏障。黄河滩区有丰富的湿地生态资源，是黄河中下游重要的生态安全屏障，对保障国家生态安全具有独特的作用。实施居民迁建，建设沿黄生态涵养带，能够促进滩区生态环境保护和湿地恢复，为维护区域生态稳定和平衡，增强可持续发展能力提供基础保障。

3.3.2 滩区居民就地就近安置与脱贫致富

一是提高洪汛期间滩区居民集中撤离效率，进一步保障滩区居民生命和财产安全。例如，山东省的滩区临时撤离道路改造、淤筑大村台、修筑护城堤等黄河滩区不同的就地就近安置模式，均在保障滩区居民生命和财产安全、安居乐业、脱贫致富方面发挥重要作用。

二是黄河滩区道路是对外联系的重要交通通道和纽带，也是黄河滩区内各村庄、农业及旅游产业的交通要道，临时撤离道路改造对于优化滩区农村公路路网布局、改善滩区内居民的出行条件、推进新农村建设、促进黄河滩区旅游业的发展、加快区域经济快速增长作用重大，进而对滩区人民脱贫致富具有重要带动和引导作用。

三是促进黄河流域地区新型城镇化进程。在山东，通过有组织、有规划的就地就近安置，使分散于不同村落的居民，安置在交通便利、基础设施较为完善、产业发展具备一定条件的县城、产业园区、集镇等地，明显提高该地区城镇集中安置比例，使城乡空间和人口布局得以优化，进而提高城镇资源承载力，促进"以搬促产、以产促城、以城兴业"产城融合进程，提升搬迁群众平等享受较高质量公共资源、公共服务的能力，也为当地群众脱贫致富创造了条件。

3.3.3 与迁建区可持续发展的匹配性分析

滩区资源高效开发的社会、经济、生态效益及土地集约利用效率显著。滩区居民迁建不仅可以提高保护区抗御洪水的能力，保护滩区群众的生命财产安全，而且在保持滩区水土、改善生态环境、保护生物多样性方面具有重要作用。滩区迁建总耕地面积不但没有减少，反而增加，提高了土地综合利用效果。

此外，搬迁居民的生产生活条件得到全面改善，在住房条件实现质的飞跃的同时，新建社区因地制宜配套建设水电路信气、绿化、垃圾处理等基础设施，以及学校、卫生服务中心、养老等公共服务设施，社区管理服务优化提升，产业就业前景更加广阔，党群干群关系更加密切融洽，乡村全面振兴示范作用逐步显现。

总体来看，滩区迁建效益远大于弊端，其不利影响只是局部的、小范围的，通过合理规划、科学管理、资源高效利用可以予以减轻或消除。

第4章 黄河滩区居民迁安与国家战略契合理论探讨

根据黄河滩区已迁建村总体发展现状和待迁建村各项规划设计的实地调查，黄河滩区迁建脱贫安置区的发展思路不仅贯彻落实了河南省委、省政府提出的"搬得出、稳得住、能发展、可致富"的迁建指导思想，而且注意分析与产业兴旺、生态宜居、乡风文明、治理有效、生活富裕等国家战略要求契合程度，为这些村庄实现由迁建脱贫向乡村全面振兴再到共同富裕的转变奠定了良好社会经济基础。

4.1 滩区居民迁安推动乡村全面振兴

4.1.1 滩区居民迁安促进乡村产业兴旺

根据调查，黄河滩区各地的迁建安置规划和实施方案，普遍按照靠乡镇、靠园区、靠县城的原则进行安置，坚持以产定搬、以岗定搬，强化产业就业后续支撑，把居民"有活可干、有业可就"作为基本目标，充分挖掘当地特色资源优势，通过传统产业优化升级、新兴产业订单引进、非农产业就地融入等措施，因地制宜发展壮大规模种养、立体循环种养、农工商联动、农文旅结合等特色产业，让迁建户至少每户一人有稳定的就业机会和从业收入，确保农民生计生活可持续发展。有的村庄通过壮大村集体经济，兴办休闲农业、特色加工业，走上了绿色化、差异化、特色化的"一村一品"乡村产业振兴道路。

例如，河南省开封市祥符区杜良镇充分利用水资源丰富的生态资源优势，在滩区发展了近3000亩的稻虾、稻蟹混养的生态水田，达到了"一田两种、一水两用，稻虾共生、效益倍增"的效果；濮阳市范县张庄镇利用本地生态环境优势和特色文化，打造集"生态鱼宴、休闲运动、孝文化体验、生态养生"于一体、生态与文化有机融合的黄河鱼宴基地，为村庄壮大产业链创造了广阔空间；新乡长垣针对黄河滩区15万亩富含硒、锌、锰等6种微量元素的肥沃土壤的独有优势，通过与河南省豫丰农产品有限公司合作，以大田托管为抓手，大力发展优质麦、花生、谷子和果品蔬菜种植等特色农产品种植和深加工，依托食品、苗木、花卉企业，发展无公害、绿色、有机食品，探索出一条绿色农业发展道路。

4.1.2 滩区居民迁安促进乡村生态宜居

黄河滩区迁建村不仅解决滩区居民基础生产条件差、生活贫困和洪水漫滩威胁村民生命财产安全等问题，而且立足当地资源环境条件，利用好迁建安置经费，加强乡村生产、生活、生态空间融合建设。在确保生产生活用房安全美观、生活娱乐设施完善、安全饮水工程进村入户的同时，黄河滩区迁建村普遍进行了入户道路硬化、改水改厕净化、房前屋后绿化、污水垃圾集中处理等工作，甚至通过房屋、林木、果园景观化改造，一些村庄呈现出"村在景中，景在村里"的美丽景象，让迁建居民既过上城里人的生活，又在新的家园留得住"乡愁"，人居环境宜居程度大幅提升。

例如，濮阳市范县依托黄河滩区19万亩速生丰产林，规划建设了1.9万亩的森林公园，与国家AAA级景区——毛楼生态旅游区连为一体，在打造岸青水绿、河道通畅的堤防景观带和自然生态廊道的同时，为滩区周边居民发展集约化、规模化、绿色化的临水生态产业和观光旅游场所，大大改善了迁建村农民的生产、生活环境，为进一步打造"生态+""旅游+""康养+"绿色产业生态与生活空间奠定了良好的基础。

4.1.3 滩区居民迁安促进乡村乡风文明

黄河滩区迁建村普遍把繁荣农村文化、弘扬现代文明，作为乡村精神文明建设的基本抓手。充分利用乡村文化广场、文化大舞台、图书室等公共文化场所，培育文明乡风、良好家风、淳朴民风，宣传社会主义核心价值观、弘扬好人善举、化解邻里纠纷、共商发展大计、检点村民言行，开展移风易俗行动。有些村在传承和挖掘传统乡土文化深层内涵的基础上，通过创造性转化和创新性发展，让古朴乡风焕发新的生机，实现当代文化与传统乡土文化的完美融合，初步形成了乡村公共文化服务有标准、有网络、有内容、有人才的乡风文明建设要求。

例如，河南省开封市兰考县谷营镇的村民议事理事会、红白理事会、村民文艺队、秧歌队等组织，挖掘农村传统道德教育资源，推进社会公德、职业道德、家庭美德、个人品德建设，开展移风易俗行动，遏制大操大办、厚葬薄养、人情攀比等陈规陋习，这些组织所开展的活动及发挥的作用已发展成为开启民智、移风易俗、提升农民精神风貌、不断提高乡村社会文明程度的强大内生力量。

开封市祥符区退役老兵活动中心参与村庄邻里纠纷调解、村社环境整治工作，发挥着村民协商议事的组织者、新风尚的倡导者、村社环境整治的志愿者等方面的作用。特别是祥符区杜良镇规划打造特色风情回民小镇，通过挖掘农村传统道德教育资源，推进社会公德、职业道德、家庭美德、个人品德建设，传承与创新乡村特色文化、特色美食等新业态，满足当地居民和外来游客的生活、休闲等需求，在复兴地方特色文化进程中振兴乡村文明，重拾乡土自信，复兴乡村精神与文化秩序，重塑文明乡风，激活乡村文化产业，实现了文化与经济的协调共荣。

4.1.4　滩区居民迁安促进乡村有效治理

滩区乡村迁建过程中形成的迁建安置理事会、"联户"议事小组、红白理事会等社会组织，已经成长为村民参与村务管理、化解邻里纠纷、共商发展大计的新生力量和有效载体。同时，很多县把迁建扶贫作为发现干部、考验干部、培养干部的练兵场，借助迁建安置调整、充实基层干部队伍，通过移民选举出有能力有担当的人加入村组织建设中，在注入新力量的同时加强对原有村干部队伍的建设，集中解决基层组织干部战斗力、执行力、服务力不强的问题，锻造出一大批党性强、威信高、能力强的基层干部队伍。

例如，河南省新乡市封丘县经过实践，探索出了一套以迁建理事会为载体的民主决策、公众参与机制，由迁建理事会表决通过的各项方案获得了居民的普遍认可，对迁建招标和建设过程进行监督也使居民安心，对移民迁建工作起到了直接推动作用。而且，迁建理事会和"联户代表"中威信高的能人涌现出来，不仅借助乡土社会"熟人关系"牵头解决小组内的迁建诉求分歧，建立起村民分歧内部化调解机制，还增强了村庄的组织化程度，提高了村民诉求与外部资源衔接程度，降低了政府与庞大迁建户分别谈判的时间成本，降低了迁建安置的治理成本，成为安置区村庄自治的重要载体之一，也成为村民与政府信息沟通的"连心桥"和基层自治中颇具活力的重要力量。

4.2 滩区居民迁安促进黄河流域生态保护和高质量发展

善治国者必重治水。党的十八大以来，沿黄九省区都留下了习近平总书记考察调研的足迹，习近平总书记提出了一系列关于黄河流域治理、保护和发展的科学理念和论断。继而，黄河流域生态保护和高质量发展成为习近平总书记高度关注的国家战略。

4.2.1 滩区居民迁安是践行生态文明理念的民生工程

生态兴则文明兴，生态衰则文明衰。坚持绿水青山就是金山银山的理念，坚持生态优先、绿色发展，是黄河治理保护的前提。黄河自西向东流经我国三大阶梯地形，构成北方重要生态廊道。由此可见，黄河不仅是我国西北、华北地区的重要生态安全保护屏障，也是流域地区生态建设的重要载体和依托。黄河上游（从河源到内蒙古河口镇，流经3472公里）和中游（河口镇至郑州桃花峪，流经1122公里），流经三江源草原、黄土高原和荒漠戈壁，对地区生态稳定发挥着重要作用。黄河下游则为沿黄流域各地提供了重要淡水资源，支撑各地生产和生活。推进黄河流域生态保护和高质量发展，对于保护我国北方河流生态系统持续稳定意义重大。

黄河中下游地区，人口聚集密度较大，也是经济相对落后的区域，同时还承担生态保护任务。生态保护和经济发展从根本上是相辅相成、辩证统一的关系。一方面，经济发展不起来，沿黄地区的群众只能"靠山吃山、靠水吃水"，不仅无法保护生态，还会破坏生态；另一方面，如果脱离生态环境去发展经济，即便经济指标有所改观，生态环境退化也会对经济社会稳定构成潜在威胁。所以，实施滩区居民搬迁工程，有助于当地经济发展与生态保护协同发展，更是落实黄河流域生态保护和高质量发展战略的有力举措。

为此，习近平总书记高度重视黄河安澜及流域生态保护和利用，自2014年至今，多次深入黄河流域各省区实地走访调研，并作出重要指示（见表4-1）。

表4-1 习近平总书记考察黄河足迹

时间	地点	重要指示或行动
2014年3月	河南省兰考县	来到黄河最后一弯——黄河兰考东坝头乡段，向地方干部询问黄河防汛情况
2016年7月	宁夏银川市	要加强黄河保护，坚决杜绝污染黄河行为，让母亲河永远健康
2019年8月	甘肃省	治理黄河，重在保护，要在治理。推动黄河流域高质量发展，让黄河成为造福人民的幸福河
2019年9月	河南省郑州市	要高度重视生态保护工作，牢固树立绿水青山就是金山银山的理念，从源头上解决生态环境问题。把沿黄生态保护好，提升自然生态系统质量和稳定性
2020年5月	山西省太原市	治理汾河，不仅关系山西生态环境保护和经济发展，也关系太原乃至山西历史文化传承。要坚持山水林田湖草一体化保护和修复，把加强流域生态环境保护与推进能源革命、推行绿色生产生活方式、推动经济转型发展统筹起来，坚持治山、治水、治气、治城一体推进，持续用力，再现"锦绣太原城"的盛景，不断增强太原的吸引力、影响力，增强太原人民的获得感、幸福感、安全感
2020年6月	宁夏回族自治区	更加珍惜黄河，精心呵护黄河。努力建设黄河流域生态保护和高质量发展先行区。要把保障黄河长治久安作为重中之重，实施河道和滩区综合治理工程，统筹推进两岸堤防、河道控导、滩区治理
2021年9月	陕西省榆林市	要深入贯彻绿水青山就是金山银山的理念，把生态治理和发展特色产业有机结合起来，走出一条生态和经济协调发展、人与自然和谐共生之路
2021年10月	山东省东营市黄河三角洲	确保"十四五"时期黄河流域生态保护和高质量发展取得明显成效，为黄河永远造福中华民族而不懈奋斗

续表

时间	地点	重要指示或行动
2023年6月	内蒙古自治区	乌梁素海治理和保护的方向是明确的,要用心治理、精心呵护、一以贯之、久久为功,守护好这颗"塞外明珠",为子孙后代留下一个山青、水秀、空气新的美丽家园
2023年6月	内蒙古巴彦淖尔	加强荒漠化综合防治和推进"三北"等重点生态工程建设
2024年6月	青海省西宁市	在推进青藏高原生态保护和高质量发展上取得更大进展,奋力谱写中国式现代化青海篇章。加强生态环境保护,实现生态功能最大化。把三江源这个"中华水塔"守护好,保护生物多样性,提升水源涵养能力
2024年9月	甘肃省兰州市	推动黄河流域生态保护

4.2.2 滩区居民迁安是促进地区经济社会高质量发展造福人民的工程

黄河途经9省区入海,以占全国2%的水资源量,支撑着全国12%的人口、17%的耕地、13%的粮食产量、14%的国内生产总值。近十年,黄河地区生产总值总和占全国比例在25.22%上下。

在2020年1月3日召开的中央财经委员会第六次会议上,习近平总书记强调,黄河流域必须下大气力进行大保护、大治理,走生态保护和高质量发展的路子。在2021年的黄河流域生态保护和高质量发展座谈会上,他又强调了坚定不移走生态优先、绿色发展的现代化道路,坚持正确政绩观,准确把握保护和发展关系,统筹发展和安全两件大事,坚定走绿色低碳发展道路等原则,及构建抵御自然灾害防线、"四水四定"、大力推动生态环境保护治理等基本要求。

黄河流域开发和保护,要加强领导,尊重规律,摒弃征服水、征服自然的冲动思想,要在党中央集中统一领导下,牢固树立"一盘棋"思想,更加注重保护和治理的系统性、整体性、协同性。要开展顶层设计,深入研究、科学论证,着力创新体制机制,从宏观战略到具体实施,都要坚决秉承和贯彻黄河开发保护的基本理念。

4.3 滩区居民迁安促进乡村居民共同富裕战略目标实现

4.3.1 河南省滩区居民迁安效应

多元增收是实现生活富裕的关键。为确保迁建户能够顺利实现就地就近非农就业，迁建扶贫村不仅优先选择在已形成规模的产业集聚区或城镇附近建设安置区，建设扶贫车间、扶贫超市，支持企业对口帮扶，进行集中安置、就近就业增收；同时，通过发展集体经济、发展订单农业、组织农民外出务工经商等多种途径，让农民拥有持续稳定的种植养殖收入、土地流转费用、外出务工收入等经济来源。同时，村级或社区敬老院、卫生院、幼儿园、健身广场、科普图书室等公共基础设施一应俱全，极大地改善了村民生活和娱乐条件，实现老有所养、幼有所教、病有所医，经济宽裕、衣食无忧、生活便利、共享富裕的梦想。

河南省新乡市封丘县李庄镇李庄村在经过迁建之后，迁建居民除个人出资和享受国家补偿外，还享受了各项惠农资金补贴；同时，李庄镇还建立了标准化厂房，规划了农民经济特色园区，提供1000—3000人的就业岗位，真正实现了居民"搬得起""能就业"的愿望。建成的农民文化广场不仅包括配套健身器材、文化长廊，还有壁画墙、花池、景观水渠、凉亭，广场投入使用以来，村民们踊跃开展文化娱乐活动，如扭秧歌、打篮球、拔河赛、广场舞等，传统说唱艺术、健身活动等各类活动氛围浓厚，呈现出美丽乡村蓬勃向上的新气象，为美丽乡村再添风景。

河南省濮阳市濮阳县梨园乡聂堌堆村是典型的"落河村"，村庄在黄河边，由于黄河的侵蚀致使农民依靠种植粮食增收的土地越来越少，村民也越来越贫穷。通过迁建，全村的土地流转给一个公司种草养羊，村民实现了既可外出打工又能在本村土地上干活挣钱的双收益，村民的收入逐渐提高。兰考谷营镇迁建村通过农产品生产不断"调优""调绿"，扩大优质粮食作物、蔬菜、瓜果、食用菌等种植面积，发展农产品加工、观光旅游、农村电商等新业态，提升农产品附加值，确保了农民土地经营收入增加。农民的收入显现出日渐多元的特征，收入构成包括财产性收入、土地经营收入和务工收入等，把土地流转出去，腾出时间去打工,也成为许多农民的共识,农民也增强了寻求更多增收渠道的主动性,真正"搬得出、稳得住、能发展、可致富"。

4.3.2 山东省滩区居民迁安效应

长期以来,对于我国区域经济发展不平衡的讨论与研究,主要集中在东、中、西部区域经济差距上,出现了经济增长速度"南快北慢"和经济总量占比"南升北降"的双格局,我国的区域发展格局出现了重大变化。根据国家统计局提供的数字,以黄河为界,在 GDP 增速差距、GDP 1万亿、人均 GDP 5万元等指标方面,北方地区落后于南方地区,而这些北方地区多位于黄河流域。因此,面对南北方差距逐步拉大的现实,应该充分发挥陕西、河南、山东等地区优势,为缩小黄河流域省区之间乃至南北方地区之间差距,提供强大引导力。

通过多年来山东省滩区居民迁安工程实施,菏泽、济宁、聊城、泰安等9个市26个县(市、区)91个乡镇,具备搬迁条件的乡村,进行了不同模式的迁建,搬迁后居民生活条件、生态环境等有明显改善,形成具有特色发展模式,使居民生活地由原来的黄河风沙滩变成美丽幸福家园,为促进当地经济发展,注入强劲动力。

山东省泰安市东平县是泰安市唯一的省级扶贫工作重点县,是山东省易地扶贫搬迁人口最多的县,也是全国移民避险解困、黄河滩区居民迁建试点县。境内库区、滩区、山区"三区"叠加,搬迁面广量大、情况复杂、任务艰巨。黄河滩区迁建、移民避险解困、易地扶贫搬迁"三大工程"总投资75亿元,共涉及12.5万人,规划建设29个社区,总建筑面积414万平方米,安置群众9.2万人。

在很长一段历史时期内,因黄河水患影响,滩区经济社会发展缓慢,尤其是地处滩区的乡村,贫困人多、面广、程度深,是不得不面对的实情。为了让群众摆脱贫困、共同致富,东平县各界把更多的关心、关注投向扶贫一线,以时不我待、只争朝夕的责任感和紧迫感,马不停蹄、全力以赴,向消除贫困发起了强劲冲锋。

2014—2020年,东平县黄河滩区迁建、移民避险解困、易地扶贫搬迁"三大工程"新建1138幢楼房，9.2万群众告别了低矮破旧的土房瓦房，住进了宽敞明亮的新型社区，人均住房面积40平方米，水、电、路等配套设施齐全，医、学、养等服务功能完善，群众生活从"低处"跃到"高处"，铺就了一条"搬迁扶贫"惠及百姓的经验之路，缔造了扶贫搬迁促进共同富裕的"东平模式"，为摆脱贫困、共同致富奠定基础。

其中，凤凰家园属于移民避险解困工程，该工程是国家针对"水上漂""滑坡体"及特困移民群体的一项重大民生政策，涉及5万多移民，居民迁安工作复杂。为尽快让移民群众住到新房，实现在家门口就业，过上全新的幸福生活，东平县探索出了"多个渠道引水，一个池子蓄水，一根管子放水"模式，确保了资金安全、高效。时至今日，移民避险解困工程依然开花结果，建成14个新型移民社区，使4.9万移民搬入新居；全县移民人均可支配收入达到1.2万余元。

此外，东平县居民迁建坚持搬迁社区、产业园区"两区共建"，在每个社区附近至少建设一个产业园区。先后建设了30个特色产业园区，如汉世伟循环农业、青岛制帽加工、科海食用菌等一批龙头项目，探索推行了"龙头企业＋基地＋贫困户""支部＋合作社＋贫困户""公司＋新型经营主体＋贫困户"等多种模式，实现有劳动能力的贫困家庭至少1人就业，年均增收过万元。同时，东平县还结合社区管理，黄河、东平湖防护林建设，开发了一批护林、保洁、保绿等公益性岗位，解决了300余名贫困群众就业问题。东平县面向贫困人口及就业困难人员开发公益性岗位1834个，开发数量在山东省（县、市、区）最多。在扶贫政策普惠下，居民迁安区生活功能日益完善，一个个扶贫产业项目落地开花，广大群众实现了"家门口"就业，库区、滩区搬迁居民生活幸福指数大幅提高。

第二篇　实证研究

第 5 章　黄河滩区居民迁安工程实施情况

黄河滩区居民迁建（本研究样本范围）共涉及河南、山东两省11个市26个县（市、区）76个乡镇90.16万人。其中河南省迁建涉及郑州市、开封市、新乡市和濮阳市4市9县37个乡镇29.54万人，全部以外迁安置方式将居民迁安至城镇、县城、产业集聚区等地区。山东省迁建涉及济南、泰安、菏泽、济宁、滨州、东营、淄博等7个市39个乡镇60.62万人，采取的迁建方式有5类，包括外迁安置（14.52万人）、就地就近筑村台（13.24万人）、筑堤保护（15.97万人）、旧村台改造提升（5.34万人）、临时撤离道路改造提升（11.55万人）。

5.1　山东省黄河滩区居民搬迁工程实施情况

5.1.1　已搬居民迁建概况

山东省分类实施外迁安置、就地就近筑村台、筑堤保护、旧村台和临时撤离道路改造提升等5种方式。外迁安置中，安置区住房建筑面积按人均40平方米控制。按照"各级政府补一块、土地置换增一块、专项债券筹一块、金融机构贷一块、迁建群众拿一块"的总体思路筹措建设资金。新房建成搬迁后，由当地政府及时组织拆除原住房并复垦。同时为了顺利推进居民迁建，山东省推进黄河滩区脱贫迁建专项小组办公室组织有关成员单位制定了26个专项方案，涉及建档立卡贫困人口脱贫、信息化建设、教育、金融等方面，从而形成政策合力，加大对滩区居民迁建支持力度。

山东省居民迁建涉及济南市、淄博市、东营市、济宁市、泰安市、滨州市、菏泽市等7个市17个县（市、区）697个村庄60.62万人（见表5-1）。

表 5-1 山东省居民迁建具体情况

迁建方式	市	县（区）	村庄/个	人口数
外迁安置	济南市	济阳区	3	4362
		平阴县	18	17335
		长清区	66	44130
		天桥区	1	406
		章丘区	21	12187
		合计	109	78420
	淄博市	高青县	13	3982
	济宁市	梁山县	20	21597
	泰安市	东平县	25	20742
	滨州市	惠民县	3	443
		高新区	5	2334
		滨城区	7	5420
		合计	15	8197
	菏泽市	牡丹区	1	916
		鄄城县	11	8450
		东明县	8	2913
		合计	20	12279
就地就近筑村台	菏泽市	鄄城县	22	17894
		东明县	136	114477
		合计	158	132371

续表

迁建方式	市	县（区）	村庄/个	人口数
筑堤保护	济南市	平阴县	19	58011
		长清区	81	90704
		槐荫区	14	10994
		合计	114	159709
旧村台改造提升	济南市	长清区	51	26876
	淄博市	高青县	4	1278
	东营市	利津县	19	8186
	泰安市	东平县	5	4852
	滨州市	开发区	3	1155
		滨城区	18	8794
		合计	21	9949
	菏泽市	东明县	4	2290
临时撤离道路改造提升	济南市	平阴县	67	63678
		长清区	26	18062
		合计	93	81740
	泰安市	东平县	26	33723
总计			697	606191

5.1.2 外迁安置方式

山东省外迁安置方式涉及6个市14个县（区）202个村庄14.52万人，占总迁建人数的23.95%。具体包括济南市5个县（区）109个村庄78420人、淄博市高青县13个村庄3982人、济宁市梁山县20个村21597人、泰安市东平县25个村20742人、滨州市3个县（区）15个村8197人、菏泽市3个县（区）20个村庄12279人。

外迁安置方式中济南市长清区外迁安置涉及人口最多，为4.4万人，在孝里镇和归德街道建设2个安置社区，共安置66个村。其中孝里镇迁建涉及39个村，安置3.2万人，安置房以15、18层中高层楼房为主，共149栋，安置房土地产权属于集体，安置区配套建设公共服务中心、小学、幼儿园、污水处理厂和垃圾中转站等设施，同时配套6086个车位。

5.1.3 就地就近安置

5.1.3.1 就地就近筑村台方式

就地就近筑村台安置方式仅涉及菏泽市鄄城县和东明县共158个村庄3.87万户132371人，占总迁建人数的21.84%。主要采用双拼或联排等方式建设新筑村台30个，人均用地面积按80平方米控制（包括公共设施用地、生产设施用地、仓储用地、交通用地、道路广场用地、工程设施用地和绿地等）。人均住房面积参照国家发展改革委、财政部、水利部《关于帮助各地开展大中型水库移民避险解困试点工作的通知》及已建试点工程标准，按40平方米控制。

5.1.3.2 筑堤保护方式

筑堤保护方式仅涉及济南市平阴县、长清区和槐荫区3个县（区）114个村15.97万人，占总迁建人数的26.34%。筑堤保护主要结合黄河下游实际情况，根据国家颁布的《防洪标准》《堤防工程设计规范》及《黄河流域综合规划（2012—2030年）》新筑一级堤防，共40.44千米。其中长清区筑堤保护涉及归德街道、文昌街道和平安街道3个街道81个村，建设护城堤23千米，保护滩区人口9.07万人；平阴县建设护城堤4.6千米，以解决滩区19个村及部分城区人口约5.80万人的防洪安全问题。

5.1.3.3 旧村台改造提升方式

旧村台改造提升方式的对象主要是破烂不堪、基础设施落后的旧村台，涉及济南、淄博、东营、泰安、滨州、菏泽等6个市7个县（区）104个村53431人，共改造旧村台104个，迁建人数占总数的8.81%。其中济南市长清区旧村台改造提升数量最多，为51个，涉及归德街道、文昌街道、平安街道和孝里镇4个街道51个村，安置滩区人口为2.69万人，为旧村台改造提升总人口的50.3%。

5.1.3.4 临时撤离道路改造提升方式

临时撤离道路改造提升标准参照平原微丘三级公路。涉及济南市平阴县、长清区和泰安市东平县3个县（区）119个村共11.55万人，新建、改造道路497.35千米，迁建人数占总数的19.05%。其中济南市平阴县和长清区共涉及93个村，达8.17万人，占该方式下安置总人口的70.7%。长清区临时撤离道路改造提升方式涉及归德街道、文昌街道和平安街道3个街道26个村，新建、改造道路102.4千米，安置滩区人口1.81万人；平阴县修建撤离道路113.38千米，解决了67个村6.37万人的安全撤离问题。

5.1.4 资金使用及来源

山东省黄河滩区迁建项目总投资共260.06亿元，其中，外迁安置工程投资95.85亿元，就地就近避洪工程投资157.21亿元（其中，就地就近筑村台115.31亿元，筑堤保护24亿元，旧村台改造提升17.90亿元），临时撤离道路改造提升投资7亿元。资金来源按"各级政府补一块、土地置换增一块、专项债券筹一块、金融机构贷一块、迁建群众拿一块"的总体思路筹措建设资金。中央财政资金补助60亿元，省级财政补助90亿元，土地置换及融资64亿元，其他由地方及群众自筹。

外迁安置，涉及东平、梁山等14个区县，共4.2万户14.52万人，建设42个新社区，投资95.85亿元，省以上财政支持一部分、融资一部分、自筹一部分。

就地就近筑村台安置，涉及东明、鄄城2县，共3.87万户13.24万人，新筑村台30个，投资115.31亿元，省以上财政支持一部分、融资一部分、自筹一部分。

筑堤保护，涉及平阴、长清、槐荫3个县区，共15.97万人，筑堤40.44千米，投资24亿元，省以上财政支持。

旧村台改造提升，涉及长清、滨城、利津等7个县区，共1.57万户5.34万人，改造旧村台104个，投资17.90亿元，省以上财政支持。

临时撤离道路改造提升建设，涉及平阴、长清、东平3个县区，共11.55万人，新建、改造道路497.35千米，投资7亿元，省以上财政支持。

5.2 河南省黄河滩区居民迁安工程实施情况

河南省黄河滩区125.4万居民中，需要妥善安置的滩区人口有103.7万人，其中，居住在滩区高风险区的有83.3万人。自2014年，在国家有关部委的大力支持下，河南省开展了黄河滩区居民迁建第一批试点，涉及兰考县、封丘县、范县3个县4个乡镇14个村4676户16718人，取得了一些成功经验；2016年又开展黄河滩区居民迁建第二批试点，涉及兰考县、台前县、濮阳县和封丘县等地。随后在深入基层调研、系统总结试点经验、广泛征求群众意愿、认真听取专家和基层政府意见的基础上，河南省制定了黄河滩区居民迁建规划，并得到国家发展改革委的批复。2017—2019年三年规划涉及原阳县、封丘县、长垣县、中牟县、濮阳县、祥符区、范县、台前县等8个县（区）（调研时点截至2017年9月底）。

为了完成三年迁安任务，制定了迁安政策，安置区住房建筑面积按人均30平方米控制。滩区居民迁建户均投资21万元，其中，住房建设14.2万元，安置区占地补偿、公共基础设施6.8万元。基础设施和公共服务设施建设资金（不含由行业部门支持的电力、外围道路、卫生站）由省财政厅整合部门项目资金，按人均9000元定额补助，县级包干使用。新房建成迁安后，由当地政府及时组织拆除原住房并复垦。

5.2.1 已迁安试点基本情况

第一批已迁安试点涉及兰考县、封丘县和范县4个乡镇14个村4676户16718人。其中兰考县谷营镇姚寨村586户2100人，封丘县李庄镇5个村2053户7634人，范县张庄镇和陈庄镇8个村2037户6984人（见表5-2）。

表 5-2　第一批已迁安试点基本情况

	兰考县	封丘县	范县	
所涉乡镇	谷营镇	李庄镇	张庄镇	陈庄镇
所涉村	姚寨村	张庄、姚庄、薛郭庄、南曹、贯台5个村	后房、双庙朱、李菜园、前房、蒲笠堌堆、王英6个村	东宋楼、邢庙2个村
户数及人口	586户2100人	2053户7634人	1295户4707人	742户2277人
安置地	姚寨社区	李庄社区	千安社区	荷香社区
安置房情况	两层独院小楼，配备农机具和粮食储藏室	有连排小院，也有多层及高层楼房	有联排小院，也有多层楼房	多层楼房
配套设施	党群服务中心、卫生室，村内道路全部硬化、供排水网管齐全，是全县第一个用上天然气的村；修建4个文化广场，7个小游园	小学、幼儿园、便民服务中心、文化活动中心、卫生服务中心、超市、垃圾中转站	便民服务大厅、卫生室、老年人日间照料中心、文化娱乐中心、居民调解办公室、社区治安联防室和礼堂、集贸市场，同时组建了社区党总支、社区管委会和群众性文化活动队伍，还有幼儿园和小学	
农民就业安置情况	"巧媳妇工程"，开展服装加工	紧靠服装加工厂	紧靠濮阳市木业产业集聚区，也有"巧媳妇工程"	有"巧媳妇工程"
安置地距原居住地距离	10千米以上	10千米以下	5千米以下	1—4千米
承包地处置情况	农民自己经营	农民自己经营	农民自己经营	农民自己经营

5.2.1.1　兰考县第一批试点迁安基本情况

兰考县黄河滩区居民迁安主要在谷营镇，辖41个行政村，约8.6万人，总面积110平方千米。谷营镇黄河滩区居民迁安自2004年就开始启动了，因为2003年9月18日，黄河兰考段谷营滩区35号坝被冲垮，致使滩区4万余亩秋季作物绝收，滩区16个行政村被洪水围困，道路、桥梁、井渠等各种基础设施也遭到严重破坏，所以2004年1月10日批复兰考县黄河滩区移民迁建工程实施方案。2004年3月正式启动滩区居民迁安工作，2006年5月堤北16个行政村中的11个村3486户12305人迁安至堤南。当时补偿标准很低，国家发展改革委下达投资计划5926万元，征用土地1988亩，每户拨款1.7万元，其中2000元作为基础设施，3700元是地皮款，建房补助1.13万元（当时可以建3层平房，采取的是农民自建模式）。

兰考县黄河滩区居民迁安第一批试点启动于2014年8月，河南省政府确定姚寨村为河南省黄河滩区居民迁建第一批试点村，2015年7月开始施工建设，2016年6月建成。2016年9月份开始迁安，2017年迁安完毕，入住率达到100%。对居民原有宅基地进行旧村复耕工作，旧村庄拆房已经完成98%。迁安涉及586户2100人，全部搬至姚寨社区。在此过程中，为了做到公开、公平、公正，对人口认定是一件艰难的事情，筛选一次，张榜一次，并成立群众理事会成员，只要有宅基地住房的，享受宅基地补贴（划分安置房建设的宅基地，安置房全部是由政府建设，农民购买）。但是有些人外出务工多年，从事非农的，不管户口在不在家，均不享受人口相关政策补贴。按人均30平方米进行安置，购买价格为240元每平方米（也就是一个人拿7200元的价格购买30平方米的房子），上限180平方米，可以上下浮动两个档次（即5户能分150平方米，但是想要180平方米的，多要的面积按成本价1180元每平方米购买）。建设的安置房一排一个标准（按照迁安农民的意愿，一排是统一的面积），原先一个村的人还在一个村，安置房为两层洋房，土地产权为集体，配套有车库、仓库，可以存放农机具。房子的配套资金按120平方米算，以成本价计算共需14.16万元，来源是国家补助7万元（国家发展改革委4万元，财政部3万元），省财政1.74万元，县财政2.61万元，群众自筹2.81万元。

另外，在农民安置房周围还建有产业用房，农民可享受一定的集体资产。在离安置区不到1千米的地方建有"巧媳妇工程"，开展服装加工，安置35—55岁中年妇女。原有宅基地复垦后的耕地承包经营权归原居民所有，不过不再归他们经营，由村集体统一流转，支付给农民租金。

5.2.1.2 封丘县黄河滩区移民迁安基本情况

为顺利推进黄河滩区居民迁建工作，封丘县委、县政府专门成立了黄河滩区居民迁建工作指挥部，以县委书记为政委、县长为指挥长、主管副县长为副指挥长，下设动员实施、规划建设、拆旧复垦、产业发展、扶贫开发等八个小组，每组明确牵头领导和责任单位，确保迁建工作有领导、有组织、有计划、有步骤地快速、健康、有序推进。同时在全省率先成立了黄河滩区居民迁建办公室，并从全县抽调21名后备干部入村包户帮助工作，组织15名专业干部到迁建一线，负责工程质量、设计对接、工程招标管理等工作。县有关部门服从统一指挥和调度，树立大局意识，发挥各自优势，做到事事有人管、件件有落实、环环相衔接。

第一批试点涉及李庄镇的张庄、姚庄、薛郭庄、南曹、贯台等5个村2053户7634人，迁安户39万平方米旧房全部拆除到位，旧村土地实施复垦。为解决迁安群众的就业问题，帮助困难群众实现脱贫致富，封丘县对产业扶贫和就业扶持做了长远谋划，重点谋划的李庄镇农民特色经济园区项目争取到了国家2016年第一批专项建设基金的扶持资金1亿元。另外在商业中心区先行启动的两栋标准化厂房，已有新星制衣等服装加工企业入驻。

5.2.1.3 范县黄河滩区移民迁安基本情况

范县黄河滩区居民迁建第一批试点涉及张庄镇、陈庄镇8个行政村2037户6984人，其中张庄镇涉及后房、双庙朱、李菜园、前房、蒲笠堌堆、王英等6个村，共1295户4707人，陈庄镇涉及东宋楼、邢庄2个村742户2277人，共规划建设张庄镇千安社区和陈庄镇荷香社区2个安置区，千安社区共建居民住宅楼154栋970套，建筑面积14.47万平方米，荷香社区共建住宅楼19栋470套，6.5万平方米。项目于2015年6月正式开工建设，已全部完工，2个乡镇已迁安入住1831户。为更好地服务群众，安置区建设了便民服务大厅、卫生室、老年人日间照料中心、文化娱乐中心、居民调解办公室、社区治安联防室、学校、礼堂、集贸市场等配套设施，便民服务大厅、学校、礼堂、文化娱乐中心等公共服务设施已投入使用；还组建了社区党总支、社区管委会和群众性文化活动队伍，积极开展党建活动和各类文化活动，丰富群众文化生活。

张庄镇安置区房顶上铺设光伏太阳能板2万多平方米,现已并网发电,可带动530户贫困户户增2000元以上,同时紧靠濮阳市林业园区木材加工产业集聚区,可为安置居民提供4000多个就业岗位;还利用"巧媳妇工程"引进了生产车间6000平方米的濮阳市衣致服饰有限公司,吸纳300名妇女劳动力就业。

5.2.1.4 第一批迁安经验

一是坚持群众主体,充分尊重群众意愿。注重因势利导,充分尊重群众知情权、参与权和监督权,不搞强迫命令和一刀切。在试点选择上,优先考虑受洪水威胁较大、群众迁安愿望强烈的低滩区和高滩区中的"近堤村""落河村",坚持以村为单元外迁安置,规定试点村庄群众自愿外迁的比例须达到90%以上。在安置方式上,充分考虑群众经济承受能力和实际情况,提出集中安置、自主分散安置和敬老院安置等多种安置形式。在迁建过程中,注重提高群众参与度,成立群众迁建理事会,全程参与迁建工作,真正实现群众当家、群众做主、群众自愿。

二是科学规划布局,切实抓好安置区建设。坚持规划先行,按照产业、村庄、土地、公共服务和生态规划"五规合一"的要求,结合县域新农村建设规划,依托县城、重点镇、产业集聚区、农业产业化集群等科学规划和建设安置区,统一规划建设供水、供电、道路、医疗卫生、教育等基础设施。

三是拓宽筹资渠道,切实减轻群众负担。充分用好财政资金,加大省各部门项目资金整合力度,统筹用于安置区基础设施及公共服务设施建设。用活土地政策,通过节余建设用地指标进行筹资。积极吸引社会投资建设燃气管道、通信网络、加油站、大型超市、民营医院等有收益的配套设施。

四是加快拆旧复垦,同步推进土地流转。把旧村拆除和土地复垦作为试点成败的关键环节,坚持迁安与拆旧、复垦同步推进,根据迁安进度,及时组织力量拆除原住房,进行土地复垦整理,防止群众返迁。制定出台鼓励滩区土地流转的支持政策,充分利用黄河滩区资源优势和独特区位优势,积极发展多种形式的适度规模经营。

五是强化产业支撑,促进农民转移就业。坚持把安置区建设与产业发展、转移就业同步推进,着力通过产业发展就近就地转移一批、通过职业培训对外劳务输出一批、通过土地流转规模化经营解决一批、通过政府购买基层公共服务岗位吸纳一批。"四个一批"努力让更多迁安群众有稳定的工作岗位，实现"搬得出、稳得住、能发展、可致富"。

六是创新社会管理，健全管理体制。居民迁安后原有自然村、行政村的地域概念被打破，村民变成了社区居民，按照"一区多居"管理模式，对安置多个迁建村庄的社区，保持原村级组织不变，建立健全以社区党组织为核心、社区居委会为基础、社区管理服务中心为依托、其他各类社会组织为补充、社区居民广泛参与的社区管理体制。

5.2.2 未迁安试点基本情况

未迁安试点包括9个县34个镇216个村78698户27.86万人，分为第二批试点和2017—2019年三年规划，其中第二批试点涉及兰考、台前、濮阳和封丘4县29173人，谷营镇4个村1173户4149人、台前县2个村585户2050人、濮阳县1个乡镇9个村2224户7776人、封丘县李庄镇6个村4299户15198人；2017—2019年三年规划涉及祥符区、中牟县、范县、封丘县、长垣县、原阳县、台前县和濮阳县等8个县（区）。截至2017年，第二批试点安置区仍在建设之中，农民并未迁安（见表5-3）。

表5-3 未迁安试点基本情况

试点县区	乡镇	村数/个	户数	人数	安置区	农民就业规划
兰考县	谷营镇	4	1173	4149	姚寨社区附近	"巧媳妇工程"
祥符区	杜良、袁坊、曲兴3个乡镇	6	4296	15388	杜良镇安置区、袁坊乡安置区、曲兴镇安置区	规划旅游特色小镇
中牟县	狼城岗镇	5	4450	17079	县城安置区	规划2000亩产业发展用地

续表

试点县区	乡镇	村数/个	户数	人数	安置区	农民就业规划
台前县	吴坝镇、夹河乡、打渔陈镇、孙口镇、马楼镇、清水河乡6个乡镇	46	9794	33581	县城安置区、吴坝安置区、夹河安置区、马楼安置区、王黑安置区	靠城、靠镇、靠产业园区
范县	张庄镇、辛庄镇、陆集乡、杨集乡4个乡镇	24	5350	19364	县城安置区、张庄镇安置区、辛庄镇安置区和陆集乡安置区	靠新区产业园、木业产业园和濮王产业园
濮阳县	渠村乡、郎中乡、习城乡、梨园乡、白堽乡、王称堌镇、徐镇等7个乡镇	48	12257	43078	县城安置区、习城安置区、徐镇安置区、王称堌安置区、渠村安置区、郎中安置区	县城安置区靠产业集聚区、濮水小镇；寿星传统文化选址徐镇安置区；电器制造等工业园选址习城安置区；"巧媳妇"扶贫创业园选址王称堌安置区；特色游览景区及种植养殖园区选址渠村安置区；日用品生产加工产业园选址郎中安置区
封丘县	李庄镇、曹岗乡、陈桥镇、荆隆宫乡4个乡镇	38	27234	92961	李庄镇安置区、陈桥镇安置区、荆隆宫乡安置区、曹岗乡安置区	李庄镇安置区以汽车配件、农业产品加工等形成产业园区；陈桥镇安置区打造历史文化小镇；荆隆宫乡安置区建设承接郑汴新融合、对接郑州航空港的北港新区；曹岗乡安置区建设青龙湖湿地，打造乡村旅游

续表

试点县区	乡镇	村数/个	户数	人数	安置区	农民就业规划
原阳县	官厂、蒋庄、靳堂、大宾和陡门5个乡镇	23	6529	24317	官厂乡迁建安置区、蒋庄安置区、靳堂安置区、大宾安置区、陡门安置区	官厂安置区发展文旅小镇、生态公园；靳堂、陡门安置区发展高端制造、生态养老和体育健身；大宾安置区发展田园综合特色小镇；蒋庄安置区邻近县产业集聚区
长垣县	武丘、苗寨、芦岗3个乡镇	22	7615	28744	县城安置区	预留500亩土地，规划建设劳动密集型产业园
合计	34个乡镇	216	78698	278661		

5.2.2.1 兰考县黄河滩区移民迁安基本情况

兰考县第二批试点居民搬迁涉及谷营镇岳占、李门庄、马占、文集4个行政村1173户4149人，实施居民迁建，这4个村也搬迁至姚寨社区，和第一批在同一个地方，并且配套统一的基础设施，同时建设污水处理厂。

5.2.2.2 中牟县黄河滩区移民搬迁基本情况

中牟县黄河滩区居民搬迁涉及狼城岗镇东狼城岗村、西狼城岗村、南韦村、北韦村、南北街村5个行政村4450户17079人。安置区位于狼城岗镇域中部，紧邻镇政府所在地。北临规划省道312线、南临连霍高速、西临规划省道224线、东临县域主干线狼姚路。2016年2月启动一期工程，涉及东狼城岗村、西狼城岗村，共1652户6443人，2018年6月底完成群众搬迁。二期工程涉及南韦村、北韦村、南北街村3个村庄2798户10636人，于2017年9月28日开工。

安置区一期50栋住宅楼（11层大产权房）已全部完工，一些配套的公共服务设施包括托老所、社区服务中心、小学及幼儿园等也基本完工。二期工程于2017年9月28日开工，也配套有三级三类便民服务中心、中心医院、中学、幼儿园、景观湖等。安置区预留2000亩的产业发展用地，前期与北京一家企业合作，基本上已达成协议。

5.2.2.3 封丘县黄河滩区移民搬迁基本情况

封丘县第二批试点涉及李庄镇的李庄、前辛庄、后辛庄、张曹、俄湾和尹岗镇的碾庄等6个村4299户15198人。2017年李庄镇安置区115栋住宅楼已全面开工建设。县委、县政府抽调的第二批迁建一线24名干部,镇抽派干部和村招聘干部100多人开始入户,开展群众宣传工作,经过入村摸底,迁建架构体系已形成。

在河南省黄河滩区居民迁建工作会议结束后,封丘县委、县政府决定利用2017—2018年两年时间将李庄镇、曹岗乡、陈桥镇、荆隆宫乡等4个乡镇剩余的32个行政村22935户77763人全部搬迁。按照安置区规划,李庄镇安置区形成以汽车配件、农业产品加工等为主的产业园区;陈桥镇安置区规划打造历史文化小镇(大宋文化发源地、东湖湿地);荆隆宫乡安置区建设承接郑汴新融合、对接郑州航空港的北港新区;曹岗乡安置区规划建设青龙湖湿地,打造乡村旅游。

5.2.2.4 范县黄河滩区移民搬迁基本情况

2017—2019年范县共有4个乡镇24个村19364人搬迁,其中张庄镇9个村2233户8271人,陆集乡10个村2134户7267人,辛庄镇4个村936户3650人,杨集乡1个村47户176人。通过入户调查,选择集中安置5118户18541人,分散安置222户811人,敬老院安置10户12人。其中,县城安置2354户8356人,占搬迁户数的44%。

按照"突出重点、集中安置"的外迁原则,范县黄河滩区迁建规划县城、张庄镇、陆集乡、辛庄镇4个安置区。县城集中安置区位于县中医院新址和思源中学附近,建设14、17层电梯房26栋,拟安置2132户7545人,距范县新区产业园0.5千米;张庄镇集中安置区位于张庄镇白杨社区附近,规划建设住宅楼101栋,拟安置1693户6165人;陆集乡安置区在乡镇孙楼村西侧,建设4层、5层住宅楼39栋,拟安置539户1831人;辛庄镇安置区位于镇政府西侧新安社区附近,2017年建设4层、5层住宅楼15栋,拟安置232户823人,之后再建设住宅楼57栋,拟安置754户3000人。

范县县城安置区在住房、住房贷款、户籍、就业、教育、低保等方面有一些优惠政策。住房政策方面,住房价格成本为每平方米2400元,每人住房面积在30平方米基准面积以内的,按照成本价计算,每人享受上级2.84万元的住房补助,同时县政府给予每平方米500元的住房奖励和每人150元的农民工进城补贴。户型设计根据群众意愿初步设计60平方米、90平方米和120平方米三类户型。住房贷款政策方面，对于交不起自筹资金的困难群众，政府可协调贷款，享受贫困户贷款政策。就业政策方面，县城集中安置区附近有农贸市场，同时为45岁以上的群众提供环卫、绿化等公益性岗位。教育政策方面，搬迁群众的子女上学享受县城居民同等待遇，按片区就近入学。低保政策方面，转为城镇居民的群众，凡符合城镇居民最低生活保障条件的家庭，经申请批准后，可享受城镇居民最低生活保障待遇。养老保险政策方面，迁建群众转为城镇居民后，可参加城镇居民养老保险。

5.2.2.5 长垣黄河滩区移民搬迁基本情况

长垣黄河滩区居民迁建涉及武丘、苗寨、芦岗3个乡镇的22个村7615户28744人。长垣黄河滩区居民迁建安置区被纳入蒲东新城规划研究范围，位于蒲东街道，景贤大道以东、长石路以南、中环路以西、长城大道以南区域，占地1700余亩，建设高层楼房住宅。安置区内配套规划建设学校、幼儿园、卫生院、养老院、公园绿地、体育设施等，并规划建设主河道宽100米的生态水系。同时毗邻安置区的论语公园已建成投用。

在农民就业安置方面，长垣一是在安置区东侧预留500亩土地，规划建设劳动密集型产业园，引进卫生材料、服装加工等劳动密集型企业；二是对迁建群众进行就业意向调查，由民生服务中心对迁建群众制订免费就业培训计划，加强职业技能培训，并将培训年龄扩大到男60岁、女55岁；三是对迁建村庄群众在长垣星月机动车驾驶员培训学校、长垣宏润机动车驾驶员培训学校学习C1驾驶证可享受补贴800元；四是对迁建村庄群众进城创业正常经营6个月以上带动就业3人以上的，可以申请农民工返乡创业补贴5000元；五是县城公益性岗位优先向迁建群众倾斜。

此外，长垣农林畜牧局与省供销合作社在土地托管方面进行沟通，拟订大面积托管协议，在托管之前，对提前签订搬迁协议进城的迁建户由县里对其口粮田按土地市场流转价格给予补偿。

5.2.2.6 原阳县黄河滩区移民搬迁基本情况

原阳县是全省黄河滩区居民迁建工作重点县。按照规划原则，原阳县科学选定4个安置区，安置2017年至2019年滩区迁建涉及的官厂、蒋庄、靳堂、大宾和陡门5个乡镇的23个村6529户24317人，其中贫困人口1843人。原阳县将迁建安置区项目规划于黄河大堤以北的三合庄和黄寺村，占地面积35.3万平方米。项目主要建设内容为住宅工程、基础设施工程和公共服务设施工程，项目建设总投资近6亿元。其中，规划新建多层住宅1668套，总建筑面积约21万平方米，新建社区内道路7.3万平方米，新增绿化面积12.6万平方米，新建中学、小学、幼儿园各一所，社区服务中心、养老院、红白喜事礼堂及服务配套设施各一座，还规划有沿街商业门店等商贸场所，基础设施和公共服务设施较为完备。

安置区产业发展规划方面，官厂安置区规划发展文旅小镇、生态公园；靳堂、陡门安置区规划发展高端制造、生态养老和体育健身；大宾安置区规划发展田园综合特色小镇；蒋庄安置区邻近县产业集聚区。

5.2.2.7 台前县黄河滩区移民搬迁基本情况

台前县2016年2月启动居民迁建第二批试点工程，涉及吴坝镇东桥村、孙口镇王黑村，共585户2050人；随后根据2017年8月份国家发展改革委正式批复的《河南省黄河滩区居民迁建规划》，台前县启动2017—2019年黄河滩区居民迁建工程，涉及吴坝镇、夹河乡、打渔陈镇、孙口镇、马楼镇、清水河乡6个乡镇44个村，共9209户31531人。

在安置区规划选址方面，台前县根据省政府"靠城、靠镇、靠产业集聚区"的要求，按照交通便利、易于就业、公共服务设施完善的原则，把安置区选在交通要道、产业经济园区附近，保证水、电、路、信等基础设施齐全，确保搬迁群众生产生活无忧，消除群众"不愿意搬"的疑虑。经过广泛征求各方意见，结合群众意愿，共规划安置区5个。

一是县城安置区。位于县产业新城南侧，紧邻产业集聚区、商务中心区。总占地面积821.73亩，配套建设社区用房、公厕、垃圾中转站、台前县产业新城实验学校、幼儿园及老年公寓等公共设施，安置滩区群众4714户15845人，分两期实施。开工建设26栋安置房,一处综合服务中心,一所幼儿园。

二是吴坝安置区。位于东桥社区以东,紧邻乡镇政府驻地。总占地面积556.66亩,配套建设社区用房、公厕、垃圾中转站、小学、老年公寓等公共设施,安置滩区群众2202户7630人,分两期实施。已经开工建设30栋安置房,一所小学,一所幼儿园,一座老年公寓。

三是夹河安置区。位于林张公路以西,紧邻乡镇政府驻地及101省道。总占地面积507.96亩,配套建设社区用房、公厕、垃圾中转站、小学、幼儿园、老年公寓等公共设施,安置滩区群众1809户6316人,分两期实施。已经开工建设25栋安置房,一所小学,一所幼儿园,一座老年公寓。

四是马楼安置区。位于黄河大道以北、经八路以西、经九路以东,距离镇政府1千米、县产业新城3千米。占地面积89.55亩,配套建设社区用房、小学等公共设施,安置滩区群众484户1740人。

五是王黑安置区。位于新城区经四路与经五路之间,属于县新城区政治、经济中心,南临新区第一实验小学和将军渡幼儿园,北侧为行政办公区,距离县思源中学1.5千米,各类配套设施齐全。占地面积43亩(净地38亩),安置第二批试点孙口镇王黑村251户871人。

从台前县的安置进展情况来看,吴坝镇东桥村共迁建334户1179人,实行货币化安置。截至2017年,全村群众都已搬入东桥社区新家,原村庄旧房已完成拆除325户,剩余9户。孙口镇王黑村共迁建251户871人,实行集中安置,安置点位于新城区经五路东侧、纬八路南侧,设计建设11层安置房6栋,总建筑面积39994平方米。

截至2017年,县城(二期)、吴坝(二期)、夹河(二期)和马楼安置区建设项目4个安置区实施方案编制完成,其中吴坝(二期)、夹河(二期)和马楼安置区实施方案已经进行初步评审;县城、吴坝、夹河安置区二期和马楼安置区已完成土地丈量,进行"三通一平"工作。

5.2.2.8 濮阳县黄河滩区移民搬迁基本情况

自2015年,省政府出台黄河滩区居民迁建试点政策以来,濮阳县有1个乡镇9

个滩区村，共计2224户7776人纳入了全省第二批试点范围，在县城、习城、徐镇共建设3个安置区。一是县城安置区，安置区位于大庆路以东、金水路以南、党校路以北、学士路以西。占地面积227亩，总建筑面积17.3万平方米，新建住宅11层电梯房24栋1188套。施工企业为中冶集团，于2016年9月开工建设，小学、幼儿园等基础设施已完成桩基施工。二是徐镇安置区，安置区位于徐镇政府驻地东北500米，昆吾社区东侧。占地154.49亩，总建筑面积5.7万平方米，新建住宅4层步梯房19栋352套。施工企业为中国二十冶集团有限公司，于2016年10月开工建设。配套有社区服务中心、礼堂、餐厅、幼儿园、敬老院等基础建设，已于2017年6月份启动搬迁。三是习城安置区，占地180.5亩，总建筑面积6.2万平方米，新建住宅4层步梯房20栋424套。施工企业为河南元盛建设集团有限公司，于2016年10月开工建设，商业楼完成一栋，文化广场建设已完成，绿化和基础设施建设基本完成，已于2017年5月份启动搬迁。

在濮阳县三年规划项目内，共有6个乡镇39个村10033户35302人纳入了全省黄河滩区居民三年搬迁规划，在县城、王称堌、渠村、郎中共建设4个安置区。一是县城安置区，安置区位于大庆路与帝舜大道交叉口东北角。面积634.33亩，总建筑面积107.33万平方米，新建住宅17层、24层电梯房共98栋6361套。施工企业为中铁建设集团，于2017年9月开工建设。二是王称堌安置区。安置区位于常庄村东侧、小屯村西侧，占地面积231.5亩，总建筑面积15.52万平方米，新建住宅6层电梯房33栋930套。施工企业为中大集团，于2017年10月开工建设。三是渠村安置区，安置区位于濮渠路东侧，安丘、叶庄、关寨之间。占地面积287.9亩，总建筑面积20.7万平方米，建住宅6层电梯房52栋1290套。施工企业为河南一建，于2017年10月开工建设。四是郎中安置区。安置区位于国道106以东，高寨村北。占地面积122亩，总建筑面积8.16万平方米，新建住宅6层电梯房20栋480套。施工企业为中交第四公路工程局有限公司，于2018年3月开工建设，2019年3月达到入住条件。

5.2.2.9　祥符区黄河滩区移民搬迁基本情况

祥符区黄河滩区居民迁建涉及杜良、袁坊、曲兴3个乡镇的6个行政村17个自然村，共4296户15388人。其中曲兴镇涉及尚阳、大蔡、门八府3个行政村，共1406户5700人；杜良镇涉及埇东村925户3405人；袁坊乡涉及米场、李祥庄2个村，共1965户6283人。三个安置区总占地面积1921.438亩，共建设4788套住房，住房为7层集体公寓房住宅，复垦后可节余土地指标2196.542亩，2017年9月28日同时启动2017年、2018年两批迁建工作，2018年底前完成安置区建设，2019年6月底全面完成搬迁工作。

三个安置区绕着规划的郑汴沿黄快速通道建设，安置区产业发展规划由中船阳光生态科技打造，投资大概17个亿。袁坊乡安置区在省道312的北边，距开封市4千米，而且有通往开封市区的交通要道（开柳路），安置区定位为从市区到祥符区三个安置点的桥头堡，依托王庵水库的规划建设，以土地入股的方式由大型公司经营，在沿黄快速通道两侧打造集观光休闲农业、乡村度假、休闲现代生态农业庄园为一体的特色农家休闲小镇；曲兴镇安置区距镇（传统商业重镇）1.5千米，重点规划建设东部特色商业小镇，依托万亩湿地公园（水面面积5000亩），按照农业板块、文旅板块、生活板块的布局，发展农业观光、生态农业示范、农家生活体验等业态，由西向东打造黄河生态湿地公园、黄河风情文化产业园、休闲农业观光园和产业物流园，打造特色农业观光小镇；杜良镇安置区距乡政府3千米，南邻高速入口处，西邻省道213，新规划的省道312也从安置区南边通过。安置区回民占80%以上，从事清真饮食的有130多户，打造建设小吃街、回民风情街，开发清真食品产业，打造成特色回民风情小镇。

第6章　黄河滩区居民搬迁意愿分析——以河南省为例

滩区群众外迁安置后生产环境和生活环境可能会发生较大的变化，影响百姓的生计，因此有必要探析百姓的真实迁建意愿、就业意愿，以及他们对最重要的财产宅基地和承包地的处置意愿，从而确定符合百姓意愿的安置区类型、就业选择方向，合理规划承包地等滩地的开发使用方式。

6.1　调研说明

以河南省黄河滩区居民迁建涉及的范县、封丘县、濮阳县、长垣县、台前县、原阳县、中牟县以及祥符区为调研区域（这些区域全部采用的是外迁安置模式，调研时点截至2017年9月底），分析滩区百姓基本情况、迁建意愿、迁建后就业意愿和资产处置意愿等方面。

本次调研区域为黄河滩区仍未迁建的大部分村庄，重点针对黄河滩区涉及搬迁的县、乡、村三级的地域资源禀赋条件情况以及搬迁人口的资源禀赋条件情况，从调研过程中梳理出搬迁过程中存在的问题、障碍以及优良做法，归类安置地类型等经验，以便为形成黄河滩区居民搬迁有影响、可借鉴、可复制的重要途径和模式做铺垫。

6.1.1　样本描述

6.1.1.1　调研范围

此次调研采取普查的方式，对黄河滩区涉及的8个县（区）192个搬迁村庄进行调查，各村庄调研农户数量为20户以上，获得未搬迁户调研样本4000份以上。但因存在个别搬迁户长期外出或访谈困难的情况，经过数据处理共得到3586份有效问卷（见表6-1），调研比例保持在80%以上，即作为反映整体情况的依据。

6.1.1.2 调研内容

调研内容主要针对黄河滩区涉及搬迁的县、乡、村三级的资源禀赋条件情况（包括自然资源、社会资源以及基础设施等）以及黄河滩区搬迁人口的资源禀赋条件情况（包括搬迁户类型、家庭收入变化、住房现状、土地处置意愿、就业意愿等）。通过对搬迁地区以及搬迁人口基本数据的梳理，对其进行分类总结，为之后的搬迁工作提供全面、扎实、可操作性强的数据支撑。调研基准时间：此次调查时点截至2017年9月底。

表 6-1 调研地样本数量

地市	县（区）	样本量/个	小计/个
濮阳	范县	599	1880
	濮阳县	601	
	台前县	680	
新乡	封丘县	764	1526
	原阳县	423	
	长垣县	339	
开封	祥符区	126	126
郑州	中牟县	54	54
总计/个		3586	

6.1.1.3 调研过程

调研前期，调研组与各县涉及搬迁的相关部门进行充分沟通，详细了解调研目的和需求，结合课题要求及调研对象的实际，制定科学的调研工作方案，设计可操作的调研问卷，确定调研样本，确保调研的科学适用。

调研中期，组成调研工作组，调研员对搬迁主要采取现场询问、入户问卷调查、综合核算的调研方式采集数据，调研工作组对搬迁村主要采取实地走访、现场查勘、资料查询的调研方式采集原始数据。

调研后期，调研工作组对部分问卷信息进行了电话回访以及二次入户核对，并组织完成所有问卷的计算机录入，通过集中录入、分离计算、双重检验的方式进行调研数据汇总，并依据调研数据分析形成调研报告。

6.1.2 描述性统计

6.1.2.1 被访者个人基本情况

从年龄构成看（见表6-2），被访者年龄分布合理，涉及各个年龄层。因农村青年劳动力不断向城市流失，调研对象中40—69岁的年龄层占比最高，达到总样本的67.7%。

表 6-2 被访者年龄层分布

年龄/岁	<18	18—29	30—39	40—49	50—59	60—69	70—79	≥80
占比/%	0.8	7.2	11.6	23.3	24.6	19.8	11.5	1.2

从学历构成看（见表6-3），被访者学历大部分为初中及以下，占到了总样本的87.4%，说明滩区群众普遍受教育程度较低，与所在县平均受教育水平存在较大差距。通过对不同年龄层的调研保证了调研结果的完整性和科学性，为真正了解滩区百姓的迁建诉求差异提供了基础。

表 6-3 被访者学历分布

学历层次	小学及以下	初中	高中	中专	大专	本科及以上
占比/%	50.2	37.2	9.0	1.3	1.6	0.7

从职业构成来看（见表6-4），纯务农迁建户占调研总样本的51.6%，以务农为主的占24.2%，以非农为主的占17.8%，无工作的占5.4%。这说明滩区人口的生产生活方式主要是以从事农业经营为主、农闲外出打工为辅的小农经济模式。因此，了解以半耕半工为主的小农经济模式是分析农户迁建的重要前提之一。

表 6-4　被访者职业构成

职业构成	务农为主	纯务农	畜牧养殖	非农为主	无业	其他
占比/%	24.2	51.6	0.4	17.8	5.4	0.6

进一步从户主非农就业工作地点来看（见表6-5），外省打工的占比为49.4%，本省为12.9%，本县为8.3%，原自然村为16.7%。这说明滩区人口到离本村半径范围较远地方打工的现象十分普遍，通过调查得知，外省特别是发达地区的工资水平较高是主要原因，同时也侧面反映出本省和本地对劳动力的吸纳能力还十分有限。

表 6-5　户主非农就业地域分布

地域分布	外省	本省	本市	本县	本乡镇	原行政村	原自然村
占比/%	49.4	12.9	4.8	8.3	1.9	6.0	16.7

6.1.2.2　被访者家庭结构情况

从家庭人口数来看，大部分家庭规模已经趋向于小型化（见表6-6），以4—6人为主的家庭人口结构占比较高，4人、5人、6人家庭分别占19.0%、18.2%和19.4%。

表 6-6　家庭人口规模

家庭人口数量/人	1—3	4	5	6	7	8—9	10—14	≥15
占比/%	21.1	19.0	18.2	19.4	11.3	5.7	5.0	0.3

调查得知，以非农就业为主的家庭占比最高（见表6-7），为总样本的55.4%，调研过程中也普遍观察到大部分村庄青壮年人数较少，剩余人口多数为老年人、妇女和小学年龄层的孩子。

表 6-7　家庭农业就业人数分布

从业人数/人	0	1	2	3	4	5—6	7—8
占比/%	55.4	25.3	14.1	3.1	1.4	0.5	0.2

根据进一步数据显示（见表6-8），超过半年居住在外打工的人口中，外出1人的比例为23.6%，外出2人的比例为12.3%。（注：因存在家中两位老人独立户籍的现象，外出人口占比数量无法精确计算，调研过程显示，几乎所有的具有劳动力的完整家庭至少会有一个壮劳力外出打工。）

表6-8　家庭超过半年在外打工人口数

人数/人	0	1	2	3	4	5	6
占比/%	59.9	23.6	12.3	1.9	1.6	0.2	0.2

从家庭贫困户类型来看（见表6-9），一般贫困户占62.3%，低保户占34.5%，五保户占2.7%，其他占0.5%。这说明滩区贫困人口的数量占据一定份额，滩区经济情况相对落后。

表6-9　家庭贫困户类型

类型	一般贫困户	五保户	低保户	其他
占比/%	62.3	2.7	34.5	0.5

致贫原因中，病残、农业是唯一来源、子女上学、劳动力缺乏和抚养子女是滩区贫困户主要的致贫原因。24.77%的百姓认为家庭人员病残是致贫的主要原因，19.67%的百姓认为"农业是唯一来源"是致贫的主要原因，13.97%的百姓认为子女上学负担重是致贫的主要原因，12.31%的百姓认为劳动力缺乏是致贫的主要原因，11.93%的百姓认为抚养子女是致贫的主要原因（见图6-1）。

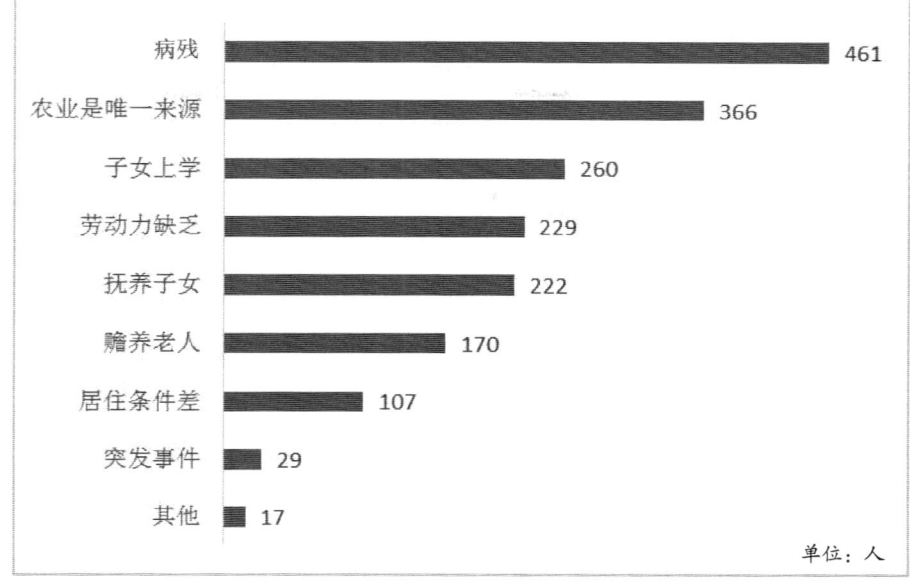

图 6-1 致贫原因

6.1.3 被访户经营情况

6.1.3.1 被访户承包地归属及经营基本情况

从家庭承包地最远地块距离来看（见表6-10），滩区土地大部分集中于村庄附近，1千米以内的占43.8%，1—2千米的占26.8%，2—3千米的占9.0%，3—4千米的占6.9%。通过调查发现，承包地的远近对于迁建意愿具有较大的影响作用，百姓对迁建后承包地的经营情况十分关心，特别是年龄较大的迁建户对迁建后继续经营承包地表达了强烈的意愿。

表 6-10 家庭承包地地块距离

距离/千米	<1	1—2	2—3	3—4	4—5	5—6	>6
占比/%	43.8	26.8	9.0	6.9	4.1	3.5	5.9

从群众对承包地权利归属认知的回答中得知（见表6-11），大部分群众认为家庭承包地归自己所有，其比例占到了78.0%，认为归国家所有的占7.9%，只有极少数认为归村集体所有，占3.4%，甚至有9.2%的人不清楚权利归属。

表 6-11　家庭承包地归属认知

归属认知类型	村委	村小组	自己所有	国家	村集体	不清楚
占比/%	1.4	0.1	78.0	7.9	3.4	9.2

土地流转方面（见表6-12），因经营面积较小、地块过于分散，大部分农户没有流转土地，其占比为72.9%，部分有土地转出，占21.6%，土地转入比例占5.0%。

表 6-12　是否流转土地

是否流转	没有流转	转出	转入	转出+转入
占比/%	72.9	21.6	5.0	0.5

其中，以出租土地形式为主的土地流转方式占41.0%，土地入股的比例仅占1.0%，这说明大部分农户主要是靠获取租金来进行土地的流转，而很少能够将土地作为股金入股参与到整个农业生产过程中来（见表6-13）。

表 6-13　流转土地方式

方式类型	互换	入股	反租倒包	代耕	转让	转包	出租	其他
占比/%	0.1	1.0	1.4	8.8	4.1	27.5	41.0	16.1

除去流转的土地面积，农户实际经营面积占比最高的是2—3亩，占总样本的14.4%，3—4亩的占13.4%（见表6-14）。而根据调查得知，农户实际经营的土地面积相比自家承包地总面积较小，但却是土地质量相对较好、基础设施较完善的地块，主要用于耕种小麦和玉米等大粮作物，以保证基本口粮与基本农业经营性收入的获取。剩余地块更多是抛荒、代耕或者廉价租赁出去，并且地块接近的农户之间经常会通过调整与交换地块以扩充自家承包地的种植面积。

表 6-14　实际经营土地面积

土地面积/亩	<1	1—2	2—3	3—4	4—5	5—6	6—7	7—8	8—9	9—10	>10
占比/%	5.2	12.2	14.4	13.4	12.0	8.9	6.6	6.5	5.2	4.9	10.7

6.1.3.2 被访户宅基地归属及住房基本情况

当被问及宅基地的归属问题时，88.6%的迁建户认为是归自己所有，这种高比例的数据说明了迁建户将宅基地作为自身重要资产之一。据调查结果得知，迁建户住房建筑面积为81—120平方米的占21.3%，151—200平方米的占21.2%，121—150平方米的占14.0%，80平方米以下占12.1%。建造成本方面，5万元及以下占39.1%，5万—10万元占23.1%，10万—15万元占13.1%，15万—20万元占12.1%，20万—25万元占4.6%，25万—30万元占4.4%，30万元以上占3.6%（见表6-15、表6-16）。

表 6-15　房屋建筑面积情况

房屋面积/平方米	<80	81—120	121—150	151—200	201—300	301—400	>400
占比/%	12.1	21.3	14.0	21.2	17.1	7.9	6.4

表 6-16　房屋建造成本情况

建造成本/万元	<5	5—10	10—15	15—20	20—25	25—30	>30
占比/%	39.1	23.1	13.1	12.1	4.6	4.4	3.6

原有房屋建造时间方面，20世纪80年代及以前的占6.80%，90年代的占16.90%，2000—2010年的占36.70%，2010—2015年的占35.50%，2016年以后的占4.10%，特别是2000年之后建造的住房占到了七成以上（见图6-2）。

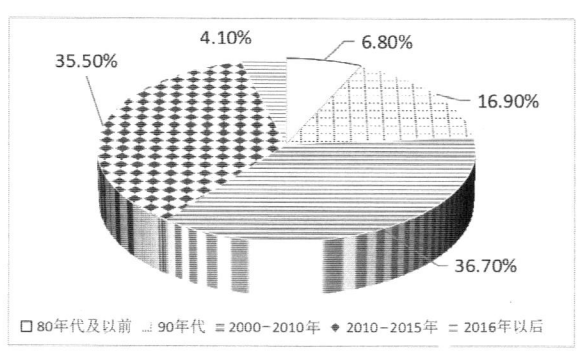

图 6-2　房屋建造时间

6.1.3.3 被访户承包地基本情况

从家庭承包地亩数（见图6-3）与块数（见图6-4）来看，家庭拥有耕地面积2—5亩占比较高，为总样本的39.10%，5—10亩为30.70%，10—15亩为7.80%，15—20亩为2.20%。从家庭承包地块数来看，滩区土地细分化严重，拥有耕地块数为3—5块的占48.90%，2块及以下的为32.10%，6—10块的为17.20%。

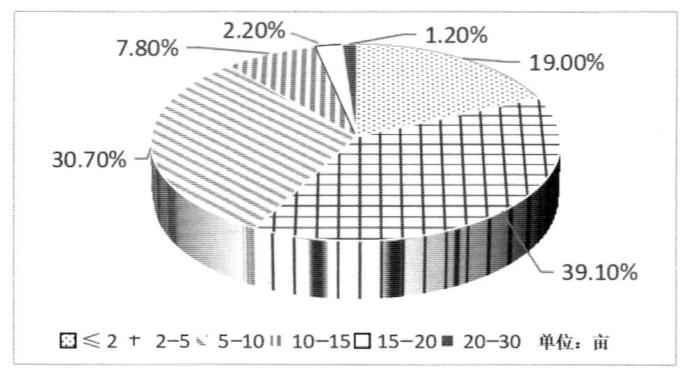

图6-3　家庭承包地亩数

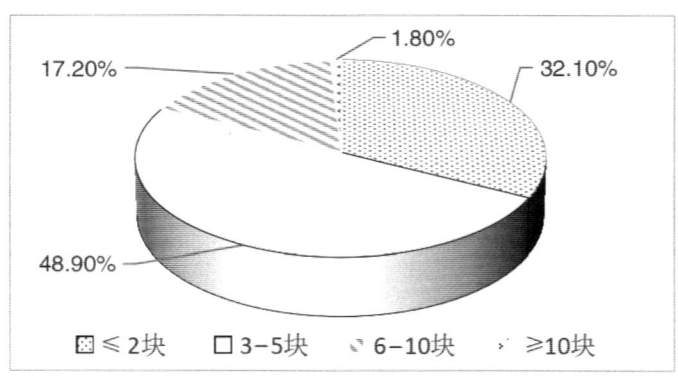

图6-4　家庭承包地块数

6.2　搬迁后意愿分析

通过以上对于农户家庭、土地等情况的分析，下文将对搬迁后农户处置承包地以及宅基地方面进行具体分析，这部分的调研结果以及分析内容为搬迁过程会发生的问题提供基本的数据支撑。

6.2.1 搬迁后土地处置意愿

在搬迁后希望如何处置承包地方面,仍希望自己经营的农户占比62.30%,希望承包地流转的占32.60%,希望完全退出承包权的占3.00%,希望承包地入股的占2.10%(见图6-5)。由此可见,在中国"人多地少"的基本国情制约下,农户非常重视仅有的土地资源,而土地和宅基地又是农户最基本、最重要的生产与生活资料。调查结果同样显示了农户在搬迁后继续从事土地经营的愿望,即使流转土地也不愿放弃土地。

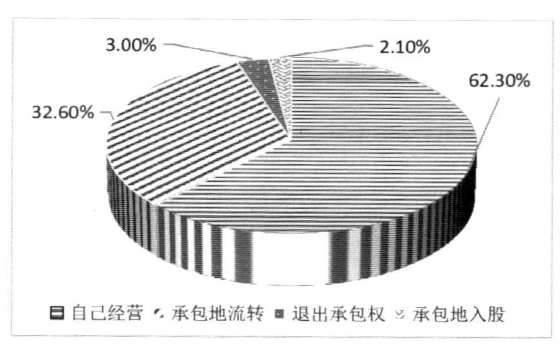

图6-5 搬迁后想如何处置承包地

因此,在被问及家中最值钱的财产问题时,有3174户认为宅基地及房子是他们最重要的资产,认为承包地是最重要资产的有346户,认为是农机具及大牲畜的有88户,选择其他的有39户(见图6-6)。由此可见,一直以来土地作为农民赖以生存的资源如果不能在搬迁后合理规划,将会成为搬迁过程以及搬迁后的矛盾。

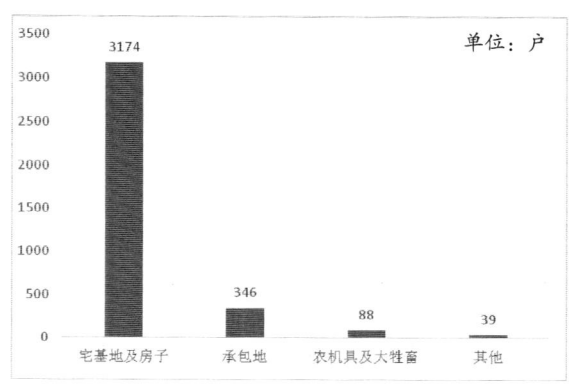

图6-6 农户认为的最值钱财产

通过上述分析，虽然农户表达了对搬迁后继续从事农业经营的愿望，但因为多数村庄搬迁后距离原有承包地较远，不利于农业种植，因此调查过程中调研员对调研对象询问了关于不再经营农地后希望获得哪些扶持方面的问题。调查结果显示，有1760户认为如果搬迁后政府能够提供稳定的非农就业门路和收入，可以放弃承包地的经营权；有1010户认为如果能够得到更多的社会保障，同样会减少对承包地经营的依赖；除此之外，原本在自然村经营小型手工厂、做生意的人群希望搬迁后政府能够提供廉价的基础设施，以保证搬迁后的正常生产和生活（见图6-7）。

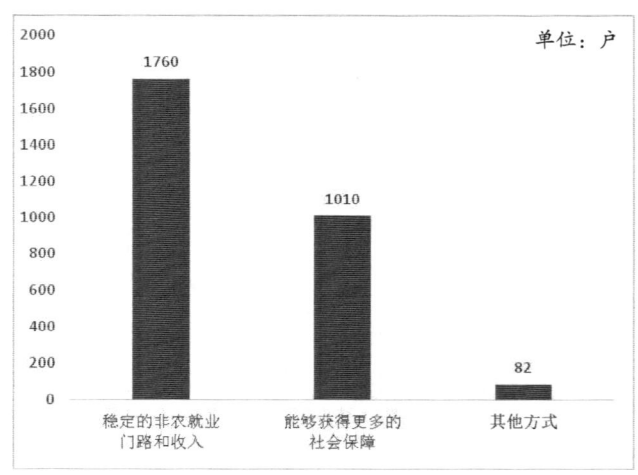

图 6-7　若不再经营农地，希望获得哪些扶持

6.2.2　搬后宅基地处置意愿

上文已经针对农村最主要的两块资产之一土地进行了具体分析，下文将着重就另一块主要资产宅基地的退出问题进一步做具体分析。（因本次调研组是针对滩区迁建的调研，有些农户可能有意识地提高对宅基地归属问题的认知。）

当被问及宅基地的归属问题时，88.60%的搬迁户认为是归自己所有（见图6-8），这种高比例的数据说明了搬迁户把宅基地作为重要资产之一的强烈意愿。不过，虽然搬迁户对宅基地存在高度的归属权认识问题，但在被问及是否想退出宅基地，安置到另一个地方居住时，还是有53.40%的搬迁户愿意退出宅基地搬迁到更好的地方。

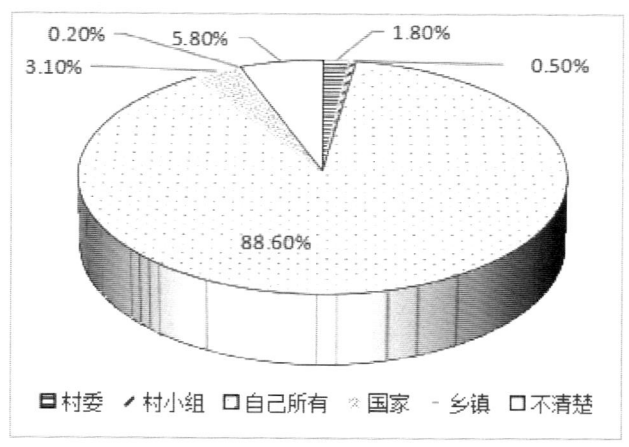

图 6-8 宅基地的归属认知问题

希望搬迁的原因通过调研得知，搬迁后认为生活更加方便的有1068户，住房条件能得到改善的有967户，生活更踏实的有918户，可获得一笔补偿的有775户，赚钱更多的有771户，生活环境有所改善的有746户，不受水患的有620户，生活方式改变的有332户，其他原因有149户，身份转变的有125户（见图6-9）。而在其他方面，很多搬迁户认为国家政策考虑到滩区生活的安全问题，搬迁是好事，并且年轻人的生活习惯已经慢慢向城市化模式转变，考虑到未来自己的后代能够通过搬迁获得更好的教育、医疗、就业等机会，支持搬迁的农户还是占绝大部分。

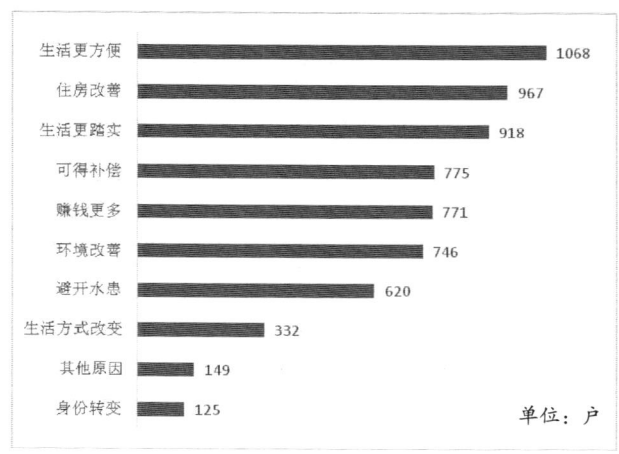

图 6-9 希望搬迁的原因

而不想搬迁的农户中，认为搬迁后生活成本更高的有989户，认为依赖于农业生产的有909户，担心出去找不到稳定工作的有720户，认为因搬迁土地减少或消失，失去了生活保障的有701户，认为离开了熟悉的乡亲，不容易与周边人群交流的有400户，其他原因有214户，认为不能开展畜禽养殖活动的有134户，搬迁成本高的有61户（见图6-10）。其中，高年龄层的搬迁户占据了绝大部分，他们原有的理念以及常年生活在农村的习惯一时很难改变导致拒绝搬迁。

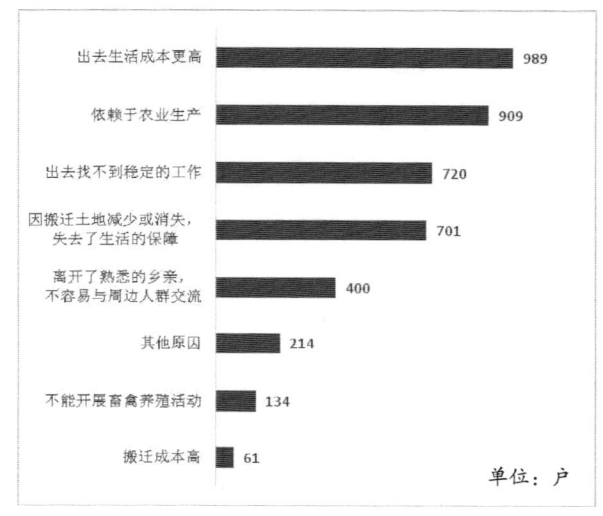

图 6-10　不希望搬迁的原因

其他不希望搬迁的人群中，多因原有宅基地的房屋刚刚建成不久，且比起安置地的楼房，面积宽敞，生活自由，所以相比较而言不愿意搬迁。据调查结果得知，原有房屋建造时间方面，2000年以后建造的住房占到了七成以上，且建造成本超过5万元的住房占比也近七成。因此，相比较农村的经济收入而言，建房成本是农村生活中最大的一笔支出，特别是家中有适龄结婚人员的家庭，更是借款几十万盖了婚房没几年，突然要搬迁，借款尚未还清，无法进行搬迁后的正常生活，导致拒绝搬迁的情况出现。这种因婚嫁原因导致拒绝搬迁的现象在所涉及调研的村庄几乎普遍存在，这也是阻碍搬迁过程的主要矛盾之一。

6.2.3 搬迁后就业意愿

迁建后政府如何设计出合理的滩区规划同样是迁建人口以及各级政府高度重视的问题。因此，针对迁建后迁建户对滩区规划的意愿进行了调研，以便为各级政府在迁建后规划问题上提供数据支撑。

首先，迁建户最关心的问题仍然是迁建后的生计问题。根据调查得知，在迁建后希望自家劳动力从事什么职业方面上：回答不知道的农户有956户，占30.7%；希望打工的农户有895户，占28.8%；希望继续务农的农户有517户，占16.6%；希望从事固定工作的农户有236户，占7.6%；希望做生意的农户有227户，占7.3%；无要求的农户有122户，占3.9%（见图6-11）。

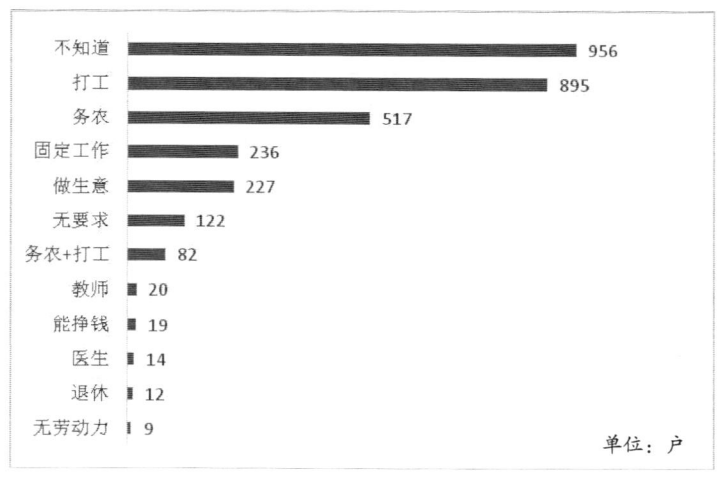

图6-11　希望自家劳动力从事职业分布

迁建后希望能得到政府的扶持方式中，希望政府提供资金支持的占28.79%，希望提供就业机会的占21.48%，希望改善居住环境的占22.78%，希望提供技术帮扶的占22.45%（见表6-17）。数据说明，迁建户在迁建后积极投入非农就业的内在愿望还是很强烈的，关键在于政府相关部门是否能够提供良好的外部条件以实现迁建户积极发展的愿望。

表 6-17　希望获取的政府扶持方式

扶持方式	提供就业机会	提供技术帮扶	改善居住环境	提供资金支持	其他方式
占比/%	21.48	22.45	22.78	28.79	4.50

在滩区资源怎样才能得到合理利用的调查中，84.89%（2523人）的百姓不知道该如何合理利用滩区资源（见图6-12），也就是百姓对于滩区今后的规划问题还不是特别了解。在调研过程中得知，绝大部分迁建户还在考虑如何迁建，对于今后的规划问题不想谈及或者根本不知道该如何回答，这就导致了调查结果中回答不知道的比例占据了绝大部分。但是，调研过程中绝大部分迁建户还是表示了希望能在基本维持原有生产生活方式的基础上，通过土地入股、合理利用土地资源，设计出以迁建户为主体的一、二、三产业融合发展的滩区整体规划方案，使更多的迁建户能够充分地参与到迁建过程以及迁建后的规划中，以便提高迁建户的迁建意愿，减少迁建过程中的矛盾叠加。

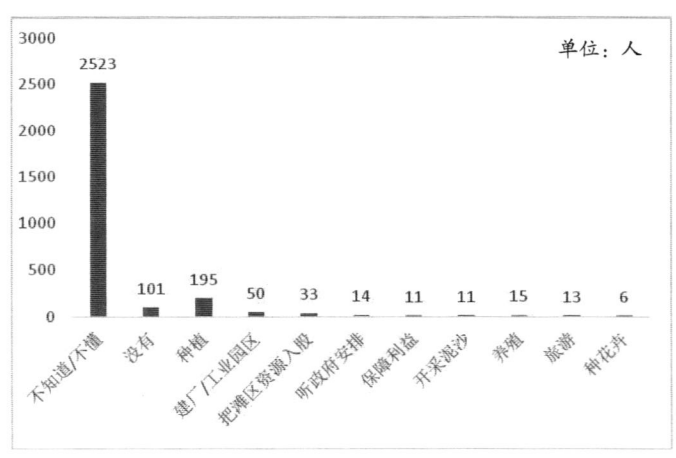

图 6-12　滩区资源利用意愿

6.3　搬迁与安置类型选择

通过调研发现，搬迁户大致可以分为四类群体：高度依赖农业生产人群；高年龄层习惯农村生活人群；家中刚盖房不久或未来几年孩子需要结婚人群；原本在农村做生意或小作坊人群。通过归类发现，迁建问题与农户自身的资源禀赋条件紧密相关，各个村庄中几乎同时存在以上几种搬迁户类型。而与搬迁户的类型以及资源禀赋条件相比，搬迁村庄与搬迁地点之间的距离、搬迁地的地理位置条件等因素同样影响搬迁过程，即村庄的资源禀赋条件也是搬迁过程中的重要影响因素之一。

在调研过程中发现，不同村庄的搬迁规划存在着较大差异，安置地点大致可以从县—乡镇—村分为三种类型，即：①集中搬迁至距离较远、地势较高、交通位置条件较好的较发达人口集聚地区（一般为距县城较近处）；②集中搬迁至镇中心（地理位置相对较好、经济相对发达的乡镇中心处）；③集中搬至资源禀赋条件相对较好的行政村附近（这样的村庄一般地势较高、土地资源较好、环境优越）。

在测算安置地与原有村庄距离方面，2千米以内占25.5%，2—4千米占22.8%，4—6千米占18.7%，6—8千米占5.8%，9—10千米占6.9%，10—20千米占11.0%，20千米以上占9.3%（见表6-18）。

表6-18 安置地与原有村庄距离

距离/千米	<2	2—4	4—6	6—8	9—10	10—20	>20
占比/%	25.5	22.8	18.7	5.8	6.9	11.0	9.3

通过调查数据可知，搬迁地与原有村庄的距离分布不均，因此才会形成上述安置地点出现的不同类型，并且这种安置地的差异同样是搬迁户在调研过程中经常咨询的问题，安置地点的差异同样在搬迁户当中产生不同意见，是搬迁过程的又一个重要影响因素。

第 7 章　黄河滩区资源开发模式分析

宅基地复垦后的耕地和原有承包地仍是迁出滩区居民的主要财产性收入来源。为保障迁建后居民能够获得稳定的收益，以及探索既符合生态保护又能产生较好效益的滩区资源开发方式，本章以典型案例为依托开展对整个滩区资源的开发利用调查，为各地能够按照新发展理念、黄河流域生态保护和高质量发展要求来谋划滩区资源的科学利用提供参考。

本章梳理河南、山东两省各地发展模式，将其归为五类：一是规模种植模式，典型地区有河南省长垣、开封市祥符区袁坊乡、中牟县狼城岗镇，山东省平阴县玫瑰镇等；二是农牧结合模式，典型地区有河南省兰考县谷营镇、濮阳县梨园乡；三是设施农业模式，典型地区有河南省台前县孙口镇、山东省平阴县东阿镇；四是田园综合体模式，典型地区有河南省范县陈庄镇、长垣赵堤镇；五是水生种养模式，典型地区有河南省开封市杜良镇、范县张庄镇和陈庄镇、开封市曲兴镇。

7.1　规模种植模式——以长垣和平阴县为例

有些滩区内村庄稀少，耕地集中连片，规模较大，土壤肥沃，不仅适合大田托管方式种植小麦、玉米、花生等大田作物，将一家一户分散的耕地集中起来，通过规模化作业，统一"耕种管收"，提高生产效率和减少农民投入成本；而且可以依托"龙头企业＋基地＋居民"产业化形式发展特色高效作物规模种植，如玫瑰、中药材等。

7.1.1 河南省长垣大田托管

长垣黄河滩区与山东省东明县、河南省兰考县隔河相望。地质属于黄河冲积平原，由于此区域地势较高，轻沙被带到黄河下游地区，留下了15万亩黄河滩区独有的肥沃土壤。经检测，土壤富含硒、锌、锰等6种微量元素，是种植优质小麦、优质大豆及特色农产品的优良区域。针对这一优势，在黄河滩区迁建后土地综合利用方面，长垣以土地托管为抓手，以新型农业经营主体为依托，大力发展优质小麦、花生、谷子和果品蔬菜种植等特色农产品种植和深加工。

长垣与河南省供销合作总社直属的涉农企业河南省豫丰农产品有限公司（以下简称"豫丰公司"）合作，采用全托管和订单相结合的方式进行大田托管。托管是在耕、种、管、收全过程为农民提供服务，给农民提供保底收益，并对剩余利润进行二次分配。同时以订单农业为切入口，引导农民开展优质单品种植，保障粮食回收，提高粮食品质和价值，为农民提供质优价廉的农资供给和农技服务，降低农民种地成本，从而提高农民收益。

豫丰公司大田托管组建专业合作社联合社——豫联专业合作社联合社，领办管理种植合作社、农机合作社126家，组织农机1456台，采用金融互助的方式，购买大型农机26台，培养职业化农民400余人。在种植管理环节，以"五统一"为核心，即统一作物种植布局、统一农资采购、统一农机作业管理、统一生产技术措施、统一产品储存销售。"五统一"能够保证生产出规模化的单一优质粮食作物，减少化肥农药使用量，实现生产标准化和机械化作业，大幅减少病虫害的发生和优质粮食作物单收单储专用，增加农产品的市场附加值。在粮食收储加工环节，长垣和豫丰公司合作建立综合产业园，构建分等级、分品种的国家粮食储备标准仓储平台。一是建成日烘干500吨连续式烘干系统，同时还能保障玉米收获后直接烘干，可为托管居民每斤玉米增加利润0.02元；二是改建完成国内先进的5P冷轧工艺300吨面粉生产线，年产高端专用粉7万吨，完成三全、思念、海天酱油等上市食品企业订单任务。

2017年长垣黄河滩区大田托管完成优质麦种植面积7万亩，重点发展适合特色优质品种，如郑麦366、新麦26、师栾02-1，新发展优质花生5万亩、谷子等杂粮1.5万亩。经测算，小麦全托管每季每亩成本减少126元；优质小麦收购价格高于未托管居民普通小麦（三级花麦）0.1元，由于品质好可使居民每亩增收105元。

7.1.2　山东省平阴县玫瑰规模种植

山东省平阴县玫瑰种植有1300多年的历史，拥有6万多亩的规模种植基地，栽培品种50余个，年产玫瑰鲜花（蕾）2万余吨，是全国最大的玫瑰资产交易中心和玫瑰产品集散地。平阴县的玫瑰不仅是药食同源，也是制作化妆品的良好原料，是国家地理标志的保护产品。平阴被称为"中国玫瑰之都"，种植的玫瑰以丰花玫瑰和紫枝玫瑰为主，主要的食用玫瑰是重瓣红玫瑰（花瓣最低是40瓣，最高90多瓣），是我国传统玫瑰的代表。

平阴玫瑰镇依托山东华玫生物科技有限公司开展"龙头企业＋居民＋基地"规模种植，玫瑰镇各个村都有种植玫瑰，每亩产量可达800斤，玫瑰花只要一开花，花期仅有一天，且需要凌晨2—5点之间采摘，居民忙碌只有一个月（5月份），每亩纯收益可达3000元。收购回来的玫瑰经过烘干，一方面与江南大学合作生产玫瑰花茶、玫瑰花草茶和玫瑰食品，另一方面与上海交通大学合作制作玫瑰精油、玫瑰纯露等化妆品；同时玫瑰镇还开展一些口红、手工皂等手工制作活动。

7.2　农牧结合模式——以兰考县和濮阳县为例

为了带动迁建居民脱贫致富，黄河滩区采用农牧结合方式，并与金融相结合，发展以"企业＋居民"为主要形式的滩区农牧结合方式，如兰考县"中羊牧业＋金融＋居民"方式和濮阳县"汇源羊业＋京东金融＋贫困居民"方式。

7.2.1　兰考县"中羊牧业＋金融＋居民"方式

河南中羊牧业有限公司（以下简称"中羊牧业"）和养羊户联合，依托政府和金融部门，中羊牧业以10%的资金（400万）风险保证金作为担保，养羊户将身份证和户口本拿到银行可以贷款40万（差不多是500头羊的价格）的资金，并交由中羊牧业。中羊牧业采取"五统一"（统一种源、统一管理、统一技术培训与指导、统一精料配方、统一集中销售）的方式将购买的小羊交由农民饲养（一般需要饲养3个月），农民需要给中羊牧业交付每只羊20元的押金，这样农民一方面获得4000元的贷款补贴和1500元的押金利息补贴，另一方面还可获得每只羊25元的保底饲养工费和利润分红（根据饲养的成本计算，即规定喂5斤饲料使羊重1斤；若羊养得好，重1斤使用的饲料少，也就是成本少，给予一定的奖励）。这样，农民一年可以养三轮，一轮的保底收入是1.25万元，三轮基本上可以获得约4万元的纯收入。在此过程中，农民养一只羊，县财政补贴100元，然后按照企业的要求建设羊舍，普通羊舍每栋是3万多元，而钢架羊舍每栋需要6万—7万元。同时中羊牧业在兰考县葡萄架乡建设400亩种羊基地以抵御银行贷款风险。

兰考县"中羊牧业＋金融＋居民"方式不仅解决了企业的资金压力，还与居民建立了较好的利益联结机制，带动贫困户致富。但也面临着一些问题，如养羊规模较小无法进行屠宰加工、产业链条较短（缺乏饲草种植及销售物流渠道）、居民自建的普通羊舍无法达到企业防疫标准等。

7.2.2　濮阳县"汇源羊业＋京东金融＋贫困居民"方式

7.2.2.1　濮阳县"汇源羊业"产业扶贫概况

2014年4月，汇源（濮阳）百万只肉羊产业链项目（以下简称"汇源羊业"）落户濮阳县梨园乡，最初该项目以每亩1003元的价格，共流转土地2.4万亩。该项目主要建设饲料种植及加工、肉羊养殖、有机肥生产、肉羊屠宰、冷链物流、熟食加工、生物制品、技术研发等完整产业链，积极探索一、二、三产业融合发展新模式，创建中国知名羊肉品牌，打造中国（濮阳）"羊都"。该项目已经在濮阳县、南乐县两个县5个乡镇建设完成了万亩种植基地、饲料加工厂、万只种羊示范场、标准化肉羊养殖基地、年加工150万只肉羊的现代化屠宰场，仅梨园乡境内已建成标准化羊舍18栋，现年出栏肉羊达到50万只。

汇源羊业采取"抓两端放中间"的运作模式：一端抓科技的投入、技术的研发，生产高性能的饲料，培育优良的肉羊品种；一端抓市场的开发、品牌的建设，通过精细化分割和羊肉熟食加工增加产品附加值。当市场行情波动时，通过两端补贴中间的模式确保贫困户有稳定、持续的收入，并且为屠宰项目提供安全稳定的羊源。

该项目以乡村全面振兴为目的，以贫困群众缺资金、缺技术、缺市场等难题为突破口，一经启动，得到当地百姓和政府的大力支持。为了解决资金问题，汇源羊业主动对接京东金融，由汇源集团作担保，为每户贫困户贷款5万元，作为入股资金投资汇源羊业。为了解决技术问题，汇源集团濮阳公司从内蒙古、黑龙江、青海等优质羔羊产地，为贫困户提供抗病能力强、养殖周期短、出肉率高的优质羔羊。羔羊引进后，贫困户全权委托汇源集团濮阳公司养殖肉羊，公司对羔羊进行严格的耳标区分，明确羊只产权，确保养殖户权益；并对贫困户进行标准化养殖流程培训（包括但不限于防疫、驱虫、剪毛、标准化投喂等），让贫困户掌握全套过硬的养殖技术。为抵御市场风险，确保贫困户受益，汇源羊业与河南省内大型商超企业，如丹尼斯、家乐福、胖东来、伊赛等签订战略合作协议，按市场价回购贫困户肉羊（并设立保护价），向合作伙伴输送优质羊肉加工产品，确保贫困户能稳定持续增收。

截至2018年该项目累计帮扶梨园乡、庆祖镇、习城乡、王称堌镇4个乡镇50余个贫困村1145户贫困户4500余贫困人口，累计投入扶贫专项资金（扶贫户提出申请，汇源羊业为贫困户担保，京东金融提供扶贫专项资金）5980万元，为贫困户增收223万元，协助贫困户申请到户增收资金828万元、申请扶贫贴息81万元。截至2018年，梨园乡项目区羊舍规模达到28栋，继续通过入股分红形式，可带动全县4000户贫困户实现稳定脱贫。

该项目创新的"产业扶贫+金融贷款"模式，具有零门槛、全覆盖、保底收益的特点，先后得到中央、省、市等各级部门的认可，不仅让贫困户实现当年脱贫，而且做到了让贫困户持续增收，杜绝了贫困户脱贫后又返贫的现象，真正做到了"真扶贫""扶真贫"。

7.2.2.2　"汇源羊业+京东金融+贫困居民"运作机制

梨园乡汇源（濮阳）百万只肉羊产业扶贫模式的运作机制，可分解为以下五部分（见图7-1）。

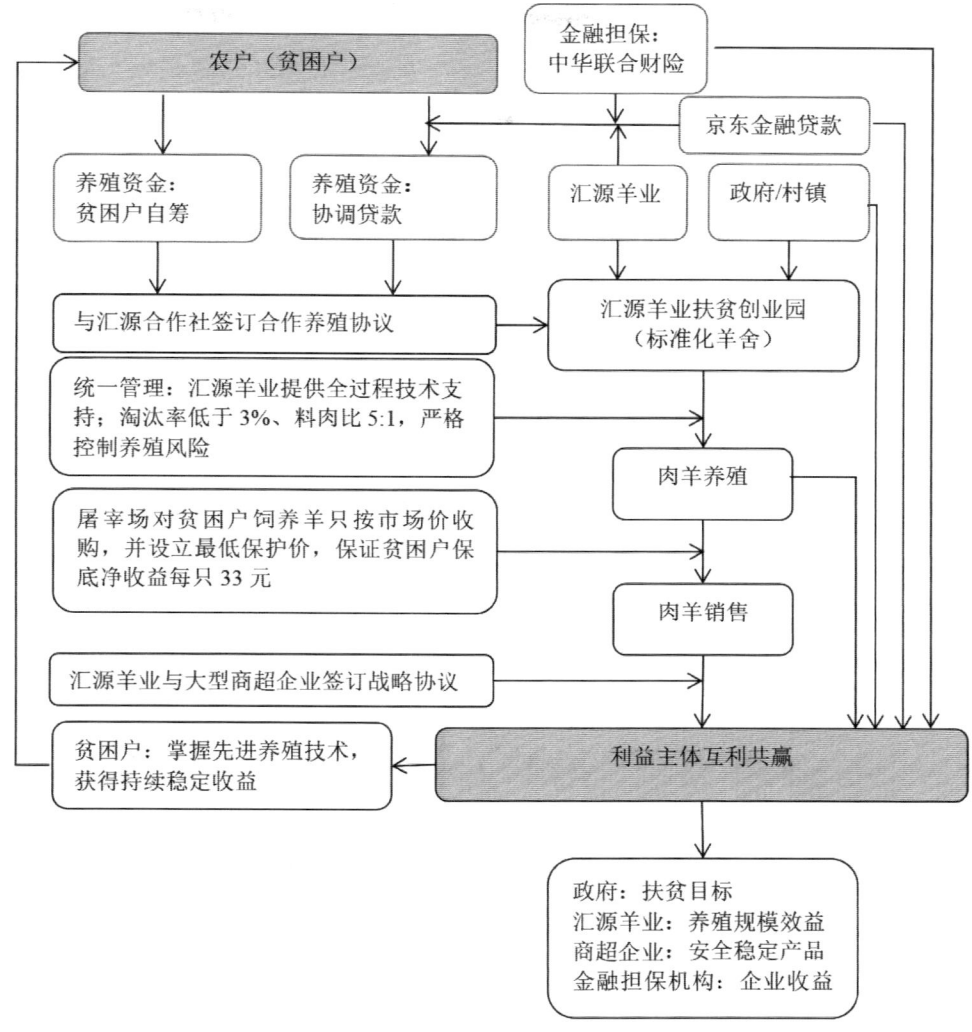

图 7-1 汇源（濮阳）百万只肉羊产业扶贫模式的运作机制

（1）多方利益主体共同构筑产业扶贫金融体系

京东农村金融"京农贷"以无抵押、放贷快等特点解决农户在农资采购、农业生产以及农产品加工销售环节中的融资难题。基于此，汇源集团携手京东农村金融"京农贷"与中华联合财险共同打造的"产业扶贫+金融贷款"扶贫模式，于2016年4月正式走进濮阳县梨园乡，为当地贫困户提供了物资及产业链的金融扶持。京东农村金融"京农贷"按照每户5万元的标准，为当地建档立卡贫困户提供低息养羊贷款。此外，每个贫困户再依托5万元的投资，可向政府部门提出申请，获得扶贫到户增收项目的补助款项每户8000元。由此，形成由"政府＋企业＋信贷＋保险"多方利益主体共同构筑产业扶贫金融体系。

（2）政府支持、汇源组建羊业扶贫创业园，建设标准化羊舍

为有效减少贫困户创业资金投入，减轻贫困户创业压力，汇源羊业在濮阳地区帮助建档立卡贫困户构建肉羊养殖创业增收平台，以梨园乡、庆祖镇、习城乡、王称堌镇养殖基地为依托，成立农民专业合作社，创建扶贫养殖创业园，免费为贫困户肉羊养殖提供标准化羊舍。对标准化羊舍统一规划，每栋羊舍东西长120米、南北宽40.8米，建筑面积4896平方米，最高存栏可达5000只，以每户贫困户饲养一批50只的标准，可为100户贫困户提供创业养殖平台。建成后的标准化羊舍，入驻园区的贫困户可采取托管模式将肉羊集中饲养于标准化羊舍当中，既节约了养殖户的养殖固定投入成本，又提高了肉羊的养殖效率。

（3）肉羊养殖集中托管模式，严控养殖风险

在汇源羊业和中华联合财险共同担保下，京东农村金融"京农贷"不仅为当地建档立卡贫困户提供低息养羊贷款，还整合当地企业资源对接濮阳县精准扶贫，从资金方面严控金融风险。此外，汇源羊业为农户提供全方位养殖服务，所有贫困户的肉羊均采用托管模式集中管理；对入驻扶贫养殖创业园的贫困户进行标准化养殖流程培训，让贫困户掌握全套过硬的养殖技术；在标准化集中羊舍建成后，将从中筛选出若干脱贫带头人统一管理贫困户肉羊，以此通过脱贫带头人的示范作用，带动贫困户积极性，扶持其进行自主养殖。以"融资＋保险＋服务"的产业扶贫模式打通全产业链，最大程度降低贫困户的风险并提高其收益，帮助贫困户实现真正可持续的脱贫致富目标。

（4）延长产业与产品链条，确保产供销环节通畅

首先，汇源羊业为入驻园区的贫困户提供优质羔羊，羔羊引自内蒙古锡林郭勒草原、黑龙江齐齐哈尔地区、甘肃甘南藏族自治州玛曲县等优质羔羊产地，具有抗病能力强、养殖周期短、出肉率高等特点，从产业链源头抓起，切实保证后期产品的优质性。

其次，对贫困户购买的羔羊进驻园区后进行严格的耳标区分，明确羊只产权，同时，也为产品溯源提供保障，进而从源头上保障产业链安全、产品链稳定。

另外，汇源羊业投入运营年屠宰加工150万只肉羊的项目，并与丹尼斯、家乐福、胖东来、伊赛等大型商超企业签订战略合作协议，对贫困户羊只按市场价回购并设立保护价，提高贫困户抵御市场风险能力，进一步确保贫困户能稳定持续增收。

（5）农户多渠道收益，参与主体互利共赢

为确保贫困户真脱贫、防止再返贫，汇源羊业从四个方面保证参与农户的切身利益。

收益渠道一：贫困户依托京东农村金融"京农贷"得来的5万元直接投资至汇源羊业，在前三年内贫困户每年可从汇源羊业领取5000元的固定分红，共计15000元。

收益渠道二：每个贫困户依托5万元的投资，可向政府部门申请扶贫到户增收补助资金8000元，然后再投资到汇源羊业，在第五年，公司将8000元到户资金全部返还给贫困户。

收益渠道三：在前五年内，汇源羊业按照户增收补助资金8000元投资金额的10%分红，即每年再给贫困户分红800元，共计4000元。

收益渠道四：为了增加贫困户经济收入，汇源羊业又将流转到的土地返租给贫困户种植青贮饲料，租种者只需以800斤玉米的价格抵交租金，其他时节可自由种植粮食作物。至此，贫困户不仅获得了土地流转租金每亩1003元，又得到了一季粮食的收入。

由此可见，通过汇源羊业扶贫产业的带动，参与的贫困户可获得投资分红、养殖技术、土地租金及粮食种植等多重收益，最终可获得不低于27000元的总收益。

此外，在参与贫困户增收获益的同时，汇源羊业也得到了参与户的投资资金，京东农村金融"京农贷"也增加了贷款收益，保险公司也获得了担保收益，政府也逐步实现了脱贫目标。因此，汇源羊业产业扶贫项目是农户多渠道收益，参与主体互利共赢。

7.2.2.3 "汇源羊业＋京东金融＋贫困居民"经验启示

（1）扶贫养殖创业园，为贫困户提供创业增收平台

凡入驻园区的贫困户，在汇源羊业担保下可获得担保贷款（每户5万元）作为肉羊养殖的流动资金；此外，也可获得肉羊养殖的全过程技术培训。汇源羊业对贫困户养殖的成品羊按市场价统一回购，当净收益（除去包括但不限于人工、疫苗费用等）低于每只羊33元时，汇源羊业设最低保护价出资兜底，确保贫困户净收益达到每只羊33元。项目实施后，政府扶贫部门为贫困户办理"扶贫贴息""到户增收"等扶贫补贴项目促使贫困户实现二次增收、稳定脱贫。总之，在政府和企业的双重帮扶下，扶贫养殖创业园的贫困户均获得了较好的经济收益，实现了稳定脱贫。

（2）全产业链保驾护航，确保贫困户稳定持续增收

为确保贫困户稳定持续增收，汇源羊业实施全产业链保驾护航战略，即从肉羊种羊选育、饲料选配到肉羊养殖、定点屠宰，再到肉品加工与销售等全产业链均实施严格管控，将产业链条中各个环节的风险最小化，确保贫困户经济利益实现最大化。

在肉羊种羊选育环节，汇源羊业从内蒙古锡林郭勒草原、黑龙江齐齐哈尔地区、甘肃甘南藏族自治州玛曲县等优质羔羊产地，引进具有抗病能力强、养殖周期短、出肉率高的优质羔羊，为贫困户提供优良品种，从源头上将养殖风险最小化。

在肉羊养殖环节，汇源羊业对入驻扶贫养殖创业园的贫困户进行标准化养殖流程培训，让贫困户掌握全套过硬的养殖技术，其目的是让贫困户不仅能够在短期内获得经济收入，而且在长期内还能获得自我发展的基本能力，为后期扶贫升级由"输血"变"造血"做铺垫。

在肉羊屠宰与销售环节，为了增强贫困户抵御市场风险的能力，汇源羊业专门投入运营了年屠宰加工150万只肉羊的项目，进行定点化、标准化、现代化的肉羊屠宰及加工，并与大型商超企业签订战略合作协议，对贫困户羊只按市场价

回购并设立保护价，确保贫困户能稳定持续增收。

（3）扶贫升级"输血"变"造血"，提升贫困户幸福指数

汇源羊业采取"抓两端放中间"的运作模式：一端抓科技的投入、技术的研发；一端抓市场的开发、品牌的建设。当市场行情波动时，通过两端补贴中间的模式确保贫困户有稳定、持续的收入。

此外，项目实施后协助贫困户积极对接各种补贴政策。贫困户可享受到的，一是扶贫部门贴息项目，按国家基准利率5万元贷款可获得年贴息2175元，相当于降低了成本增加了收入；二是到户增收项目，每个贫困户争取的扶贫部门的到户增收项目资金8000元为贫困户政策性收益。

通过项目的实施，使"穷人跟着能人走、能人跟着企业走、企业跟着产业走、产业跟着市场走"，凡加入项目的贫困户，其自尊心和自信心均得到极大增强，幸福指数得以明显提高。

自2014年起，汇源（濮阳）百万只肉羊产业链项目已建设完成万亩种植基地、饲料加工厂、万只种羊示范场、标准化肉羊养殖基地、年加工150万只肉羊现代化屠宰场，实现了全产业链经营。汇源羊业将现代化农业企业与千家万户的持续增收进行有效的融合，使当地贫困户得以有效增收，从根本上实现扶贫效果的最大化和持久化。

（4）尊重振兴主体意愿，采取多元化渠道确保乡村产业主体振兴

汇源羊业自建厂伊始，便充分尊重当地贫困户及周边百姓的参与意愿，采取鼓励、自由、支持的原则，以提升小农户抗风险能力为目的，把小农户生产逐渐引入现代农业发展轨道上，再通过肉羊一、二、三产业融合和延长肉羊养殖产业链、提升价值链、完善利益链的方式，让参与农户以保底分红、股份合作、利润返还的形式获得更多的工资性、经营性、财产性收入，切实激发振兴主体的致富内生动力，成为当地肉羊养殖产业持续发展的有力支撑。

此外，汇源羊业运行注重以工业文明的成果来发展当地农村经济，以改善当地百姓生活，也更加注重以农业文明的思路来保护和修复当地的人居环境。延长肉羊养殖产业链，将肉羊养殖过程中所产生的粪污进行有机化处理，生产出符合

种植业发展"一控两减三基本"理念的有机肥,还田改良当地沙壤地的同时,也减少人居环境的空气污染,缓和当地养殖主体与非养殖主体之间因养殖粪污产生的矛盾,也为乡村生态振兴奠定良好基础。

实际当中,有的农户对肉羊养殖仅停留在传统经验上,对现代肉羊产业发展所要求的技术能力尚有较大差距,为降低农户养殖风险,汇源羊业对农户的肉羊养殖进行统一管理,提供全过程技术支持,经过多年的参与式合作,农户会掌握较为先进的肉羊饲养技术,有些饲养员再经过专业技术专家培训,很容易成为"土专家""田秀才",间接为乡村全面振兴提供必要的人才支撑,在一定程度上也成为乡村人才振兴的必要条件。

7.3 设施农业模式——以台前县和平阴县为例

设施农业模式是指在不破坏耕层的情况下建设简易设施大棚,用于改变自然环境,为蔬菜、花卉等植物生产提供最适宜甚至相对可控的温度、湿度、光照、水肥等环境条件,而在一定程度上摆脱对自然环境的依赖进行有效生产的农业模式。

7.3.1 河南省台前县孙口镇滩区设施农业

台前县孙口镇以产业扶贫方式发展滩区设施农业种植,基地位于刘桥村临黄堤以南黄河滩区,由孙口镇将军渡蔬菜种植合作社运营管理,基地流转土地502亩,建日光温室大棚115座,主要种植辣椒、西葫芦、黄瓜、香樟芽、草莓等无公害蔬菜及水果,年产无公害蔬菜、水果300万斤以上。

结合产业扶贫政策,孙口镇采取入股分红形式实施到户增收扶贫项目,申请上级资金80万,合作社自筹资金110万,对日光温室大棚进行整修、种植,使刘桥、孙口、王黑等周边14个村100户贫困户的290人受益。项目采取"自主经营和入股分红"两种经营形式。有劳动力、有能力,但缺资金的9户贫困户选择自主经营,上级扶贫资金直接拨付到贫困户账户上。劳动能力弱,无力承担种植风险的91户贫困户选择入股形式,居民将上级资金8000元以股金形式投资到台前县将军渡蔬菜种植专业合作社,合作社与贫困户签订协议,一年至少向贫困户分红1000元。

7.3.2 山东平阴县东阿镇北市村设施花卉

平阴县东阿镇北市村是山东省美丽休闲村居和乡村振兴"十百千"工程样板村，北市村牵头联合周围杨山村、乔楼村、三合村、桃园村、小屯村、王庄村6个村1800户村民，这些村共有1万亩耕地，通过建立"非常6+1"产业链方式打造精品花卉产业。

北市村农地推行"三个三分之一"的经营方式，不仅增加村集体收入，还解决居民增收难的问题。第一是将全村"三分之一"土地流转给花卉公司，让公司自主经营，起到示范带动作用；第二是再把全村"三分之一"土地由村企共同经营，五五分成，村委会的收益全部分配给村民，解决了居民共同致富的问题；第三是将全村剩余的"三分之一"土地，由村委会和居民合作经营，村委会负责全部投资和后期收购，居民负责管理，二八分成，多劳多得。全村共有2200亩耕地、37个简易温室大棚，以种植扶郎花（又名非洲菊）、金银花为主。扶郎花5年花期，一年采摘可为居民带来每棚3000元的纯收益，并通过物流发往北京、天津、大连、青岛等地。

7.4 田园综合体模式——以范县陈庄镇为例

7.4.1 陈庄镇田园综合体概况

田园综合体模式是集现代农业、休闲旅游、田园社区于一体的乡村综合发展方式，目的是通过旅游助力农业发展，促进一、二、三产业融合的一种可持续性方式。范县陈庄镇结合荷花资源品牌优势突出打造荷花特色产业链条，凸显豫北地区乡土质朴气息，融入农业高新技术，强化绿色环保农业，形成集民俗文化体验、休闲度假养生、科普教育、农业生产示范于一体的"田园综合体"，打造"一轴、一环、四区"。

"一轴"是由北向南贯穿陈庄镇田园综合体项目的南北纵向发展轴，以稻田、荷田为背景，融入农耕文化、地域文化等元素，对道路进行整治和绿化景观提升处理，打造成为既有生态休闲绿道的功能，又有文化体验游憩功能的串联轴线。

"一环"指依托区内沟渠、道路串联的自行车道环线。自行车环路是依托现有道路、沟渠建设的慢行绿道，结合国际自行车赛道标准，建成透水沥青路面，沿路设置有服务驿站、路面标识和休憩节点等，可供健身、观光、休憩，是一条曲折回旋、贯穿项目区一览荷塘美景的亮丽风景线。

"四区"指的是核心示范区、荷乡农业养生区、藕海民宿体验区、稻香田园休闲区。

7.4.2 陈庄镇田园综合体运营

陈庄镇田园综合体在具体运营过程中将荷花园景区项目交由专门的运行公司进行管理，运营公司负责荷花园景区的日常管理、维护、经营。项目经营效益分配标准是政府和运行公司经科学、合理协商后确定的，即利润按比例分配，镇政府所得的项目利润部分将继续用于项目区基础设施建设。项目所在村经济效益分配范围涉及胡屯村、韩徐庄村、杨楼村、陈庄村等4个村，每个村成立村级合作社作为主体，参与项目经济效益分配，分配的经济效益纳入各村集体经济中，作为村集体资产，由全村股民享有，村两委与村级合作社共同管理运行，进一步所产生的效益在全村股民中分配。

陈庄镇田园综合体的实施取得了明显的成效。覆盖面积1.5万亩，区域内实体达20家，年接待游客500万人次以上，实现综合收益7亿元，带动农村劳动力就业1.7万人，带动贫困户精准脱贫600户以上，人均增收2万元以上，同时带动周边民宿快速发展，也拓展了农产品销售渠道。

7.5 水生种养模式——以祥符区和范县为例

水生种养方式主要分布在水资源丰富、水田面积广、灌溉渠系众多、供水自流的区域，这些区域依托丰富资源发展稻虾、稻蟹、莲藕、泥鳅混养等循环农业。

7.5.1 祥符区杜良镇稻虾混养生态种养

祥符区杜良镇属于开封市黄河柳园口灌区，水利条件特别优越，自流灌溉，境内有三大干渠，四条排水河，支、斗、农渠密如蛛网，供水自流，排水便利。同时杜良镇水田面积6.1万亩，占耕地面积60.5%，养殖水面8000亩。

杜良镇充分利用自身丰富的水资源在滩区发展稻虾混养生态种养产业。依托河南云腾农业生态科技开发有限公司建立稻虾混养示范基地，将传统的稻田进行改造，在稻田的四周开挖宽4米左右、深1.5米左右的沟，然后在沟中注水，再将虾苗放入沟中养殖。在每年9月至10月稻谷收割后投放幼虾，第二年的4月中旬至5月下旬这批小龙虾便可收获，与此同时再补投幼虾。稻田需要排水整田、插秧时，就向稻田里注水，让尚未长大的幼虾从稻田排出，进入宽敞、充足的沟里生长。等到整田、插秧完成后再抽水，把沟里的幼虾引放到稻田里，让其继续生长。这样一来，一方面小龙虾可以吃掉害虫，排泄的粪便成为水稻的有机肥料；另一方面，水稻收割后的秸秆粉碎还田发酵，又成为小龙虾的天然饲料。稻虾种养结合的方式下亩产龙虾150公斤、水稻400公斤，每亩纯收益4000元以上，达到了"一田两种、一水两用，稻虾共生、效益倍增"的效果，有效提高了农田利用率和产出效益。杜良镇稻虾混养生态种养方式以企业主导，农民并未参与，也就是缺乏企业与居民之间的利益联结。

7.5.2 范县陈庄镇莲藕泥鳅混养生态种养

范县陈庄镇地处黄河背河洼地，水资源丰富，但次生盐碱严重。陈庄镇党委、政府为了农业增效、农民增收，以"协会+合作社+基地+居民"方式成立了范县陈庄镇黄河藕业种植协会，依托范县黄河藕业农民合作社，将传统稻麦农田改种莲藕，并积极发展莲鳅共作试验基地，探索莲藕、泥鳅立体种养，开创了"夏天产泥鳅，冬天卖莲藕"的高效农业生产方式，亩总收益超万元。

合作社与莲农签订合同，通过统一种植、加工、销售，提供农资、技术服务等形式实现优品优价，并注册了"黄河之莲"商标，2010年通过了河南省莲藕产地与产品无公害认证，2012年成功申报绿色食品，并荣获全国"一村一品"专业示范村镇，2013年被命名为"河南省引进国外智力示范单位"。该地生产"黄河之莲"牌莲子、莲藕、藕粉、莲心茶、荷叶茶、莲花茶、荷叶面、藕片等系列产品。

2017年莲藕种植面积达4.09万亩，其中莲鳅共作面积3.1万亩，是豫北地区最大的莲藕之乡，带动周边1200余户居民投入莲藕产业，年产莲藕6000多万公斤、泥鳅20余万公斤、莲子10余万公斤，实现产值3.38亿元。

7.6 模式比较及经验总结

调研发现，河南、山东两省滩区形成的几种资源有效利用方式，都是在没有破坏滩区生态的基础上，具有现代农业、绿色农业、可持续发展的特点，不仅需要符合各地资源禀赋条件，而且要在保护生态的前提下充分发挥其特长（见表7-1）。规模种植方式能够很好地将分散的、地块细碎化经营的居民组织起来；设施农业、农牧结合和水生种养三种方式属于高效农业，投资大，受益也多，可以解决滩区大部分居民的劳动就业问题，也就是为居民找到了就业门路；田园综合体方式是综合的、一体化的，依托已有村庄的资源禀赋条件在滩区发展现代农业，在已有村庄建设三产融合的旅游区，同时依托"三变"（资源变资产、资金变股金、农民变股民）理论进行机制创新，实现企业、村集体、农民各主体的合作共赢。针对一些在滩区内进行土木工程建设的项目，即使规划很全面、很细致，也能吸引企业进来发展，因其不符合生态保护和耕地保护的原则而未被批准。

表 7-1 试点县黄河滩区资源开发方式及差异性

开发方式	开发区域	具体内容	差异性
规模种植方式	长垣域内	县级层面统一规划，发展大田托管	促进土地流转，通过订单农业带动滩区农业规模化发展
	开封市袁坊乡	规划连片规模种植水果	
	中牟县狼城岗镇	打算依托现有的产业发展绿化苗木和葡萄种植	

续表

开发方式	开发区域	具体内容	差异性
农牧结合方式	兰考县谷营镇	以中羊牧业有限公司为引领，带动贫困户发展肉羊养殖	高效农业，投资大、受益也多，可以解决滩区大部分居民的劳动就业问题，也就是为居民找到了就业门路
	濮阳县梨园乡	以汇源羊业公司为引领，带动贫困户发展肉羊养殖	
设施农业方式	台前县孙口镇	以合作社为主体发展大棚蔬菜	
	兰考县谷营镇	村集体经济产业项目发展大棚食用菌种植	
水生种养方式	开封市杜良镇	发展稻、虾、蟹、鱼混养	
	范县张庄镇、陈庄镇	发展稻、鱼、荷花、泥鳅混养	
	开封市曲兴镇	对湿地进行保护和开发，规划湿地公园	
田园综合体方式	范县陈庄镇	结合荷花观赏性打造中原荷花园，并发展品种展示和体验农业	发挥区位、资源禀赋条件优势，发展综合的、一体化的产业融合，带动居民从事小商业
	长垣赵堤镇	集循环农业、创意农业、农事体验于一体	

第 8 章 黄河滩区居民迁建困境及迁后协调发展分析

河南、山东先前开展的居民迁建，为迁建居民脱贫致富做出了多样化的努力。然而，在居民生产、生活、生态空间优化便利性、适用性方面还存在一定问题，影响"搬得出、稳得住、能发展、可致富"目标的实现。为此，本章重点调研河南黄河滩区居民迁建状况，根据迁建后居民就业状况、居住条件状况、社会保障状况和社会资本状况，分析迁建后居民生产、生活、生态协调发展困境。

8.1 调研概况

8.1.1 调研说明

2017年第一批试点涉及的农民已全部入住安置区，且生活了多年。同时，迁建后滩区农地经营方式也发生了较多变化。这些对居民的生产、生活、生态空间有哪些影响，需要对迁建安置区居民进行实地调查，评价居民迁建后生产、生活和生态感知变化情况。

8.1.2 调研范围

为了解已搬迁户在安置区的生产、生活情况，此次调研针对第一批迁建试点涉及的兰考县谷营镇、濮阳县张庄镇、封丘县李庄镇三个居民迁建安置区居民进行，取得有效问卷150份，主要目的是了解搬迁户搬迁后在生产、生活、收入、福利、满意度等方面的基本情况，并主要关注其生产及生活方式的变化（见表8-1）。

表 8-1　已迁建村庄调研基本资料统计

地级市	县	乡/镇	数量/个	百分比/%
开封	兰考	谷营镇	31	20.7
濮阳	范县	张庄镇	83	55.3
新乡	封丘	李庄镇	36	24.0
合计			150	100.0

8.2　黄河滩区居民迁建困境及成因

8.2.1　建安成本及复垦指标交易影响"搬得出"

砂石、混凝土、钢材、人工等价格持续上涨，导致安置地建安成本不断增加。根据调研，范县建安成本（不含土地成本）已达每平方米2600元，长垣建安成本（不含土地成本）已达每平方米3000元，建安成本均大幅度增长，原先制定的建设拨付标准已经不能满足建设资金需求。同时，受制于当前拆迁复垦指标在省内交易困难、交易额低（不高于每亩10万元）、交易量少，造成了县财政用于平衡居民迁建的资金来源收窄。由于滩区居民迁建资金需求量巨大，大部分相关县又是财政穷县，造成迁建资金缺口对地方财政负担过重，影响滩区居民迁建进度。地方迁建资金压力过大，不利于相关工作的顺利推进，对下一阶段滩区居民迁建工作的开展和滩区提升治理任务的完成带来较大挑战。

8.2.2　政策支撑体系不够完善影响"稳得住"

河南、山东先前开展的居民外迁安置是以外迁户脱贫致富为目的，通过配套政策，采取加大扶贫支持力度、大力推进土地流转、加快产业发展和推进转移就业等措施，帮助外迁户增强安置后的抗风险能力，积累资本数量和优化资本组织，增加外迁户生计策略选择的多样性，最终提高居民各项生计收入。

其中，加大扶贫支持力度是针对国家级和省级扶贫开发工作重点县，对建档立卡贫困户，采取产业扶持、技能培训、劳务输出、资产收益扶持等方式，推动贫困迁建居民稳定脱贫；大力推进土地流转是对承接滩区土地达到一定数量的农业企业、种养大户等新型农业经营主体给予补助，促使滩区农地规模化经营；加快产业发展是在安置区周围配套建设产业集聚区，积极承接产业转移，大力发展农副产品深加工等劳动密集型产业，吸纳滩区劳动力就近就地就业；推进转移就业是进行新生劳动力的职业教育，青壮年劳动力的技能培训和农业生产劳动力的实用技术培训等职业技能培训，努力实现外迁劳动力稳定就业。

可以看出，居民迁建为"搬得出、稳得住、能发展、可致富"做出了多样化的努力，但是仍存在非农就业支撑较弱，农民就业收入不稳定，提供的就业机会难以吸引青壮年劳动力到当地就业等问题。针对迁建安置后如何提高滩区居民收入实现持续增收，如何开展职业技能培训增强转移就业能力，如何实现滩区农业农村现代化等问题，尤其是在地方财政难以为继、无法提供专项资金支持的情况下，如何对安置后的滩区居民以及未迁建居民给予政策支持，如何在政策和产业配套上加大支持力度等，亟待进一步研究。

8.2.3 搬迁居民生活、生产空间发生变化影响"能发展"

一是生活空间发生变化而社会公共服务不足。居民迁建后在一定时间内免收了居民物业费等社区管理费用，但是各县（市、区）明确指出这不是长久之计，今后还会收取，然而如何收取、社区如何管理等问题一直未解决。同时，学校、社区服务中心、养老院、卫生院等公共服务"硬件"设施虽较完善，但是配备好医生、好老师的"软件"公共服务欠缺。另外，迁建居民思想观念、生活习惯和生产方式较难转变，如居民搬至乡镇居住后，诸多居民在社区主要道路上晾晒农作物、在绿化地内种植蔬菜等问题持续存在。

二是生产空间发生变化带来生产经营不便。据对已迁建居民的问卷调查，外迁安置后安置区与原有承包地距离大幅度增加，这对仍继续经营自家承包地的迁建户造成了很大不便。同时仍有88.60%的迁建户希望继续自己经营承包地，即使迁建后距离原有承包地稍远，但还是表达了对承包地强烈的依赖意愿，而土地流转、入股或者置换社会保障所占的比例很低。但是居民迁建后一直未妥善处理居民经营农地的不便及滩区农地资源如何有效利用问题。

三是非农就业支撑较弱，难以吸引青壮年劳动力在当地就业。居民迁建安置地依托园区、城镇、县城、产业集聚区等进行建设，但是一些"产业园区＋就业""就业扶贫车间"等就业岗位支撑能力较弱，工资水平普遍较低，难以吸引青壮年劳动力在当地就业，迁建的青壮年农户外出打工仍占较大比例。

8.2.4 迁建区产业发展基础不牢影响"可致富"

一是人多地广、自然环境复杂造成滩区难以形成高效统一的发展模式。黄河滩区涉及河南、山东两省15个市47个县（市、区），各地自然资源和经济条件差异很大，不同区域的经济发展特点不尽相同，造成滩区难以有统一高效的发展模式可循。同时滩区除了传统的种植业、养殖业和少量加工业外，其他驱动经济型产业较少，无明显的高附加值农业产品输出，滩区产业结构单一、产业布局不合理、发展不平衡的问题还比较突出。

二是"双目标"条件下滩区产业发展受限。黄河滩区发展追求生态保护和高质量发展双目标，由于滩区基础产业薄弱，大型农业生产设施难进入，绿色生态产业发展水平较低。同时滩区为保护生态环境将部分先前由居民进行生产经营的耕地自动划入湿地保护区，缺乏生态补偿措施。

8.3 居民搬迁前后心理感知对比分析

为充分了解搬迁户搬迁后的心理变化或者满意度，调查组从家庭收入变化感知、人居环境变化感知、社会保障变化感知等几个维度进行了调查。

8.3.1 家庭收入变化感知

在家庭收入变化感知方面，同意和非常同意明显感觉到增加纯收入的占比仅为9.3%；非农收入增加的感知度略高，占到10.6%；相反，感觉到日常消费支出增加的占比明显较高，分别为70.7%（见图8-1）。这也说明了搬迁户对于搬迁后消费支出的上升感知强烈。

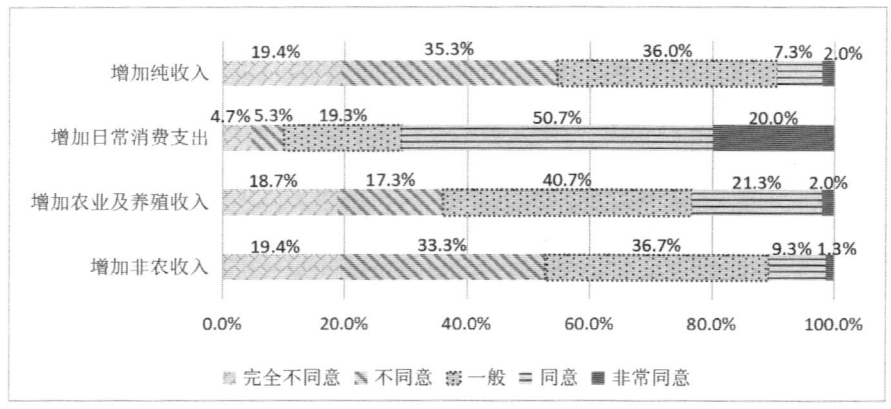

图 8-1　搬迁前后家庭收入变化感知情况

8.3.2　人居环境变化感知

人居环境变化方面,在交通更加便利、配套设施完善以及治安变好三个方面明显感受到变化的搬迁户占比较高,分别为63.3%、60.7%和45.3%,相反也有搬迁户认为自然景观的破坏、噪声变大以及空气质量变差影响了居住环境(见图8-2)。

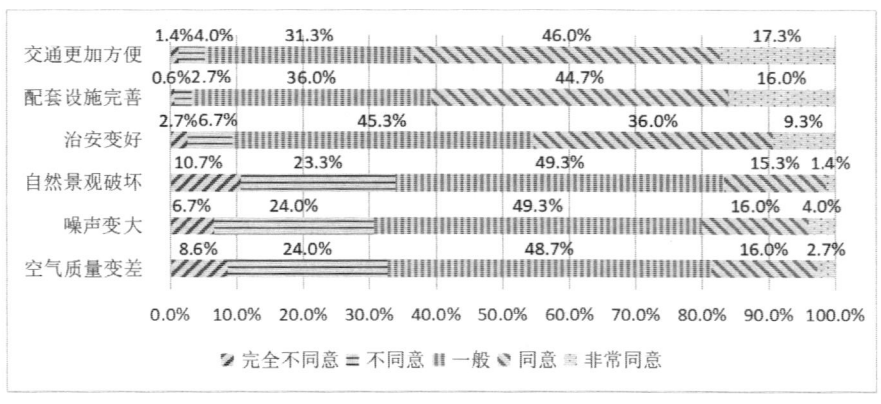

图 8-2　搬迁前后人居环境变化感知情况

8.3.3　社会保障变化感知

在社会保障感知方面,子女受教育机会更多、非农就业更稳定、就业机会的增加、社会保障水平的提高等各方面还是有所变化,特别是在子女受教育机会增多方面的感知度较高，达到35.3%（见图8-3）。

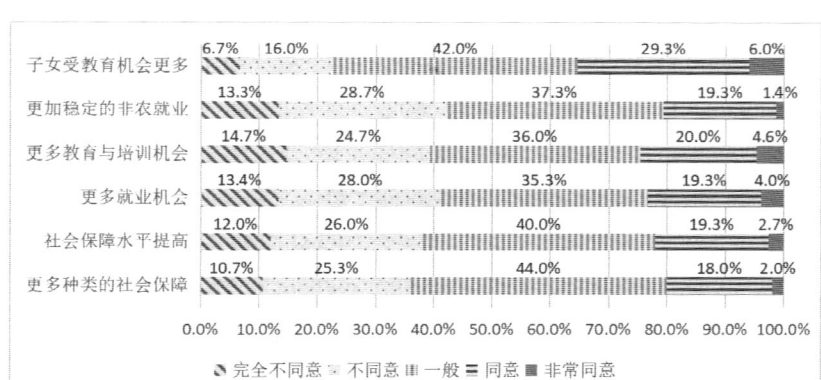

图 8-3　搬迁前后社会保障变化感知情况

通过对已搬迁农户的调查发现，搬迁户在搬迁后对于生活环境的改善方面满意度较高；但是在生产方面，特别是在搬迁后如何形成一种新的生产方式来维持现有生活方面还存在一定的疑虑和不稳定性。如上文所述，搬迁户明显感受到搬迁后的生活成本有所上升，并且新建的安置小区还未开始收取物业管理费等各项费用，加之刚搬迁不久，生活成本的叠加一时还不能完全体现，若不能找到稳定的收入来源来弥补生活成本的叠加，必然会在今后其他批次的搬迁过程中出现更多的社会矛盾，这就需要尽快推进原有村庄资源的整合与开发，以保证之后的搬迁户在搬迁后能够获取稳定的、可持续的增收渠道，以维持家庭生活。

8.4　搬迁后居民生产情况调查分析

居民迁建后，承包地作为居民最为重要的生产要素之一，农地经营情况对居民家庭生产空间功能具有重要影响。

8.4.1　农业生产作业半径变化

通过实地调查发现，承包地与迁建前后所在距离的比较中（见表8-2、表8-3），迁建前居民离原有承包地3千米以内的比例占到了76.9%，迁建后下降至61.6%，相反，10千米以上的距离由12.6%上升至26.4%，从距离上看客观反映了迁建对于居民从事原有农业经营产生了一定的制约。

表 8-2　迁建前安置地距原有承包地距离

距离/千米	频数	百分比/%
0	20	14.0
1	63	44.0
2	21	14.7
3	6	4.2
4	8	5.6
5	7	4.9
10	8	5.6
20	3	2.1
30	7	4.9

表 8-3　迁建后安置地距原有承包地距离

距离/千米	频数	百分比/%
0	6	4.8
1	14	11.2
2	35	28.0
3	22	17.6
4	9	7.2
5	4	3.2
6	2	1.6
10	14	11.2
15	10	8.0
18	2	1.6
39	4	3.2
40	3	2.4

8.4.2 迁建后承包地处置

从迁建户在迁建后如何处置承包地的调查数据得知（见表8-4），仍有88.6%的迁建户希望继续自己经营承包地，而土地流转、入股或者置换社会保障所占的比例很低。

表 8-4 承包地处置方式

方式	频数	百分比/%
自己经营	133	88.6
土地流转	9	6.0
土地入股	1	0.7
承包地退出，置换为社会保障	1	0.7
其他方式	3	2.0
无地	3	2.0
合计	150	100.0

通过对迁建后承包地流转方面的调查得知（见表8-5、表8-6），基本上没有发生任何变化，只有一户将自己的承包地在迁建后流转了出去，其他都维持了原状。在调查中得知，因迁建后涉及原有村庄及宅基地复耕统一规划利用的问题，作为保守的居民在规避风险的习性下，往往会选择观望态度，不会在整体迁建完成前将自己的土地进行流转，而会选择保有土地自主经营，等待统一规划的时机再对承包地的处理方式进行考虑。

表 8-5 迁建前承包地流转情况

迁建前承包地流转情况	频数	百分比/%
无流转	148	98.6
转出	1	0.7

续表

迁建前承包地流转情况	频数	百分比/%
租金	1	0.7
合计	150	100.0

表 8-6　迁建后承包地流转情况

迁建后承包地流转情况	频数	百分比/%
土地流转	1	0.7
无流转	147	97.9
转出	1	0.7
租金	1	0.7
合计	150	100.0

8.4.3　迁建后居民职业变化

从迁建后的职业变化上看（见图8-4），务农人数仍然较高，占61.3%，其次打工人数占26.7%，建筑行业人数占10.7%，客观反映了迁建户虽然迁建，但是大部分家庭仍然是以从事农业生产为主。

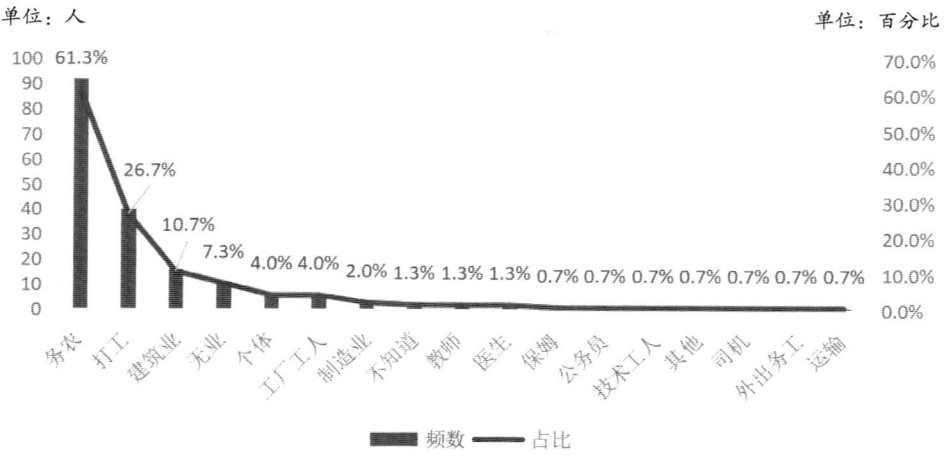

图 8-4 迁建后职业变化

8.4.4 迁建后居民家庭收入

迁建后的家庭收入低于迁建之前的家庭收入,由31687.4元下降至30735.4元(见表8-7),在居民"半耕半工"的主要收入构成中,种植收入与工资收入都略有下降。这可能是因为只统计了一年的数据,对收入变化情况判断不够全面;同时,农业种植生产及打工收入的不稳定性是导致迁建后收入下降的又一原因。

表 8-7 迁建前后家庭收入比较

单位:元

	迁建前	迁建后
家庭经营收入	8927.35	8891.33
种植收入	5858	5667.35
养殖收入	466.67	333.33
生意收入	1423.33	1496.67
补助收入	350.7	356.7

续表

	迁建前	迁建后
工资收入	14386.69	13773.36
流转收入	81.33	23.33
子女援助收入	193.33	193.33
合计	31687.4	30735.4

8.4.5 迁建后居民就业

调查得知,认为迁建安置使农民获得更多的就业机会、更多的教育与培训机会以及非农就业状况更加稳定的农民分别不到25%,从而使农民认为迁建增加非农收入的仅占10.6%,而认为迁建增加日常生活消费支出的占70.7%(见表8-8),说明迁建安置后农民的家庭经济状况没有明显改善。

表 8-8 家庭经济状况居民自身认知表

单位:人

		各项指标	完全不同意	不同意	一般	同意	完全同意
家庭经济状况改善	收入	增加了您家的非农收入	29	50	55	14	2
		减少了您家的农业及畜禽养殖收入	28	26	61	32	3
	支出	增加了您家的日常生活消费支出	7	8	29	76	30
	纯收入	增加了您家的纯收入	29	53	54	11	3
	非农就业	您获得了更多的就业机会	20	42	53	29	6
		您获得了更多的教育与就业培训机会	22	37	54	30	7
		您的非农就业状况更加稳定	20	43	56	29	2

8.5 搬迁后居民生活空间调查分析

居民迁建对居民家庭生活空间发展的影响主要在于安置区房屋、室内装修、公共基础设施的配套等方面的情况。

8.5.1 安置房屋选择

从迁建户选择安置地房屋的各项要素上看，建筑面积选择180平方米的迁建户占比最高，占34%，其次是150平方米，占22.2%。从对安置房自家支付费用情况调查得知（见图8-5），占比较高的区间集中在4万、5万、6万，分别是15.2%、11.6%和13.8%。因迁建户家庭资源条件的差异，有的可能是因孩子过几年要结婚，有的可能是因为有些积蓄而希望多购买一套房子或者购买更大的面积的房子，所以在安置房的支付费用上产生了一些差异。

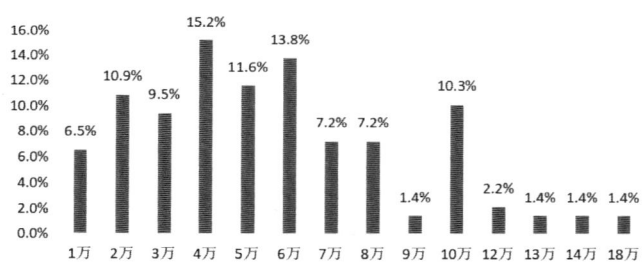

图 8-5　安置房屋自家支付费用情况

对迁建前后室内装修情况变化的调查得知（见图8-6），迁建后较迁建前家电家具齐全和有专业的装修的占比明显上升，由迁建前的14.5%上升至迁建后的40.0%。

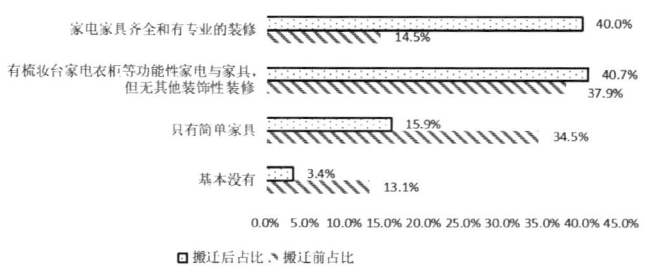

图 8-6　迁建前后室内装修情况变化

8.5.2 公共基础设施配套

在公共基础设施的配套方面也发生了很大变化,这为迁建户的生活提供了极大便利(见图8-7),特别是银行、超市、公园、学校等配套设施的完善程度比迁建前有了很大提升。调研过程中发现,迁建户对于基础设施的变化以及生活方便表达了极高的满意度。

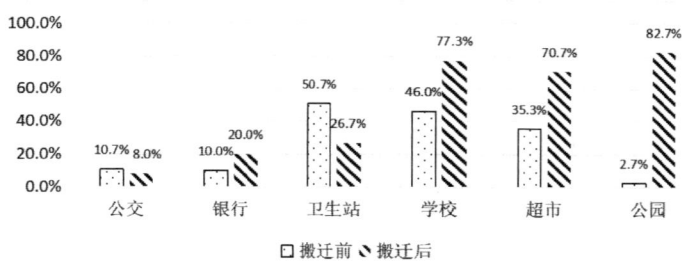

图 8-7 迁建前后配套设施情况变化

8.5.3 居住综合感知

迁建户在居住的变化感知方面(见图8-8),社区生活更加丰富的感知度最高,为52.0%,其次,与社区成员关系变得更加密切的感知度为46.6%。

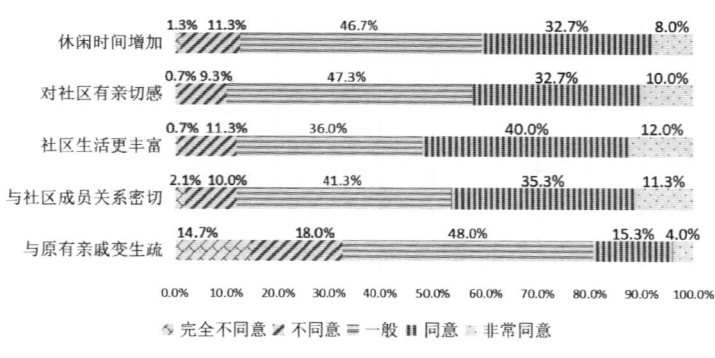

图 8-8 迁建前后居住变化感知情况

8.6　搬迁后居民生态空间调查分析

居民迁建后，原有宅基地复垦后与滩区原有资源进行整合，各个迁建县积极开展规模种植、设施农业、农牧结合、生态种养等多种农业生产项目，进一步发展田园综合体、休闲观光农业、三产融合、湿地休闲观光等拓展农业功能的新业态，实现迁建后村庄资源与滩区资源的有效利用。

此外，安置地在确保生产生活用房安全美观、生活娱乐设施完善的同时，普遍进行了入户道路硬化、改水改厕净化、房前屋后绿化、污水垃圾集中处理，甚至通过房屋、林木、果园景观化改造，一些村庄实现了"村在景中，景在村里"，让迁建居民既过上城里人的生活，又在新的家园留得住"乡愁"，人居环境宜居程度大幅提升。另外依托滩区速生丰产林和黄河大堤两岸森林公园，打造岸青水绿、河道通畅的堤防景观带和自然生态廊道，大大改善了滩区居民的生态空间。

8.7　本章小结

本章按照功能协调、集约高效、宜居适度、绿色可持续原则，通过居民迁建统筹生产、生活、生态三大空间布局，践行"绿水青山就是金山银山"的发展理念，打造人与滩区自然资源、人文资源和谐相处、共生共荣的美好画面。居民迁建前滩区内生产条件差，居民的生产空间只是以传统的小麦、玉米等种植业为主，产业结构单一，为居民带来的经营性收入低；居民的生活空间受国家有关防洪法律法规的限制，交通、水利、电力等基础设施薄弱，教育、医疗、文化等公共服务滞后，居住条件差，宜居水平较低；滩区生态空间因存在滞洪沉沙与居民生活生产的矛盾，滩区生态较难保护。

为解决滩区居民防洪安全和脱贫致富问题，通过统筹滩区居民"三生"空间布局，实现生产、生活、生态空间彼此依赖，相互促进。居民迁建后生产空间不再仅仅依靠滩区农业经营，安置区的产业发展也会为居民提供一定的就业机会；生活空间是以满足居住、消费、娱乐、医疗、教育等各种不同需求为主要功能的空间，依赖安置区住宅的保障及基础设施和公共服务设施的配套和完善；生态空间通过实施黄河滩区湿地恢复与保护、林业生态工程等，构建沿黄生态涵养带，同时充分利用土壤、湿地、气候、人文等资源进行高效开发，更加优化滩区居民的生产、生活空间，为居民提供更多的就业门路，带来多元化的收益。

通过滩区居民迁建调查，本研究认为生态空间是生产、生活空间的物质载体和环境基础，是滩区居民人居环境可持续发展的先决条件；生产空间决定滩区居民的经济基础，为生活空间、生态空间提供经济支撑和服务；生活空间是生产开发和生态保护的终极目标，是生产空间不断优化转型发展的动力来源，更加有利于推动滩区的生态保护和高质量发展（见图8-9）。

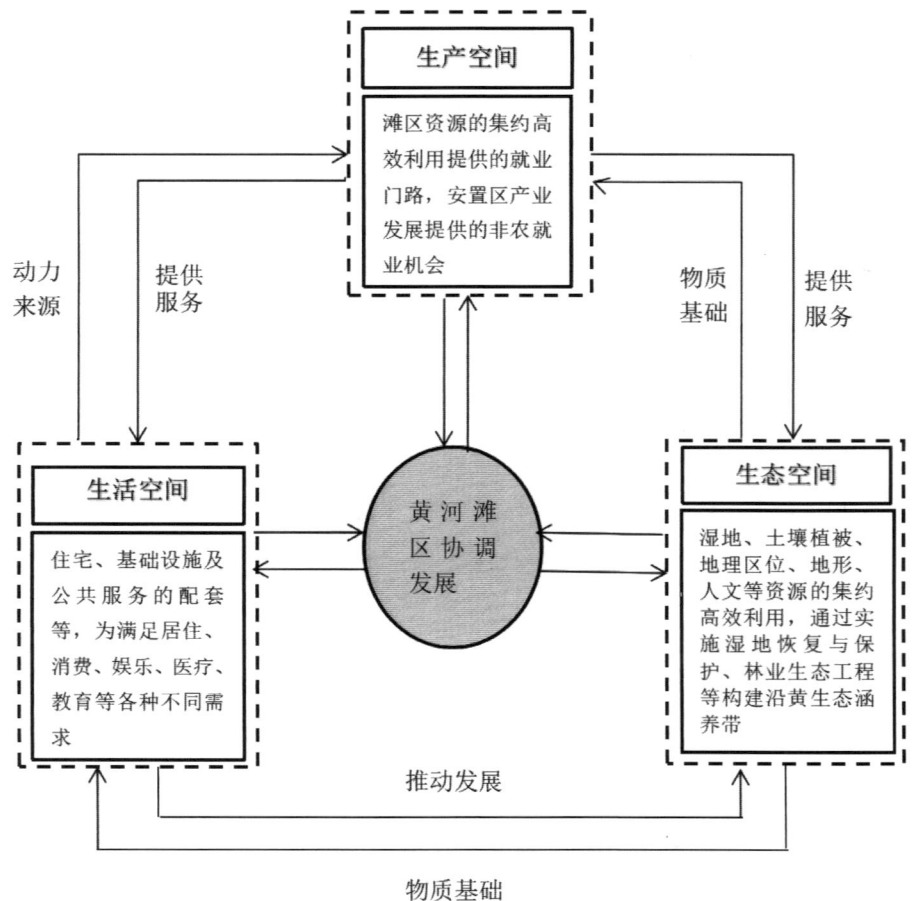

图8-9　黄河滩区居民迁建后生产、生活、生态协调关系

第三篇 典型案例与结论建议

第9章 兰考蜜瓜现代农业产业园助推乡村全面振兴

9.1 区域概况

9.1.1 自然资源概况

兰考县紧靠黄河，全县水资源总量3.27亿立方米，可自流灌溉，地表、地下水资源丰富。在地理位置上，兰考地形平坦，属暖温带大陆性半干旱季风农业气候，昼夜温差较大，年平均气温14.3℃，光照充足，年平均降水量636.1毫米。地域范围内土壤以砂壤土、壤土为主，土层深厚、土质疏松、富含有机质、透水透气性良好、pH值为7—8.5。在得天独厚的自然条件下，兰考农产品资源丰富，不仅是全国商品粮生产基地县、全国优质棉基地县、全国绿化模范县，也是著名的"泡桐之乡"。

9.1.2 区位交通概况

兰考县地处于开封、菏泽、商丘三角地带的中心部位，东临京九铁路，西依京广铁路，陇海铁路、郑徐高铁横贯全境，106、240、310三条国道在县城交会，连霍、日南两条高速公路穿境而过，是河南"一极两圈三层"和"半小时经济圈"的重要组成部分，形成了以铁路、高速铁路、高速公路、国道、省道为骨架，以县、乡、村道路为脉络的交通网络，为兰考经济发展提供了独特的便利条件。

9.1.3 农业产业概况

由于兰考县地居黄河故道，土壤以砂性土壤为主，呈弱碱性，透气性好，适合瓜果种植。截至2017年，全县建成日光温室1586座，塑料大棚19717座，建设蜜瓜产业园48个。全县农业产业化经营组织达3215家（含各类合作社2790家，家庭农场355家，涉农龙头企业70家），其中，规模以上农产品加工企业65家，年营业收入5000万元以上的农产品加工企业25家，省级农业产业化集群3家，省级农业产业化龙头企业7家。

9.2 现代农业产业园概况

9.2.1 建设背景

兰考蜜瓜即甜瓜，又称香瓜。兰考盛产蜜瓜，有着悠久的种植历史。据《兰考旧志汇编》及有关史料记载，唐朝贞观元年（公元627年）浚仪产嘉瓜，异实共蒂。唐宋八大家之一韩愈作《奏汴州得嘉禾嘉瓜状》中有"前件嘉禾等，或两根并植，一穗连房；或延蔓敷荣，异实共蒂"的记述，这说明远在一千多年前的唐代县域内就有种植瓜类的历史。

蜜瓜在兰考的种植历史久远，在近代，由于当时粮食生产总量较低，加上国家粮食安全战略的实施，蜜瓜种植曾有一段时间被暂时搁浅。当今，兰考整体的粮食生产能力有较大提升，同时，兰考作为贫困县，在中央倡导乡村全面振兴、地方政府设法提高农民经济收入的新时代背景下，蜜瓜种植又被提上日程。2016年1月，河南省农科院园艺所常高正副研究员科研团队以新疆哈密瓜为种源，成功培育出了新品种蜜瓜——玉兰香。此后，河南省农科院园艺所精心组织专家团队，充分发挥科研技术优势，推动新成果、新技术、新理念在兰考落地生根，先后历时9个月，深入兰考各个乡镇开展调研，检测土壤。最后，专家一致认定兰考县的弱碱性土壤，特别适合蜜瓜种植。兰考弱碱性土壤种植一般农作物产量低，却是蜜瓜生长的适宜土壤，"荒凉也可以逆袭"，最先开展蜜瓜种植的乡镇也迎来了转折，当地农民增收也有了新希望。

实际种植中，玉兰香蜜瓜一年能收春秋两季，即采用"早春蜜瓜＋秋延蜜瓜＋越冬蔬菜"的种植模式，最大限度利用土地。市场销售上，冬春茬蜜瓜5月底6月初上市，同一时期，新疆哈密瓜还没成熟，海南蜜瓜已销售完毕，正是兰考蜜瓜上市的黄金时期；秋茬蜜瓜9月底10月初上市，临近双节，正是销售旺季，大部分种植户一亩地一年能收入2万元以上。种植结构的调整，带来的是经济效益的直线上升。除了河南省农科院推荐种植的"玉兰香"蜜瓜品种外，还培育出"众云20""西州蜜25"等十多个优良甜瓜品种，均被誉为兰考蜜瓜。

专家还建议发展湖羊养殖。湖羊是我国特有的、世界著名的多羔绵羊品种，也是首批138个国家级畜禽遗传资源保护品种，我国南方唯一的国家级绵羊保护品种。湖羊的养殖区域不断延伸，包含太湖区域、华北地区、东北地区以及新疆、内蒙古地区。湖羊的养殖配套设施设备不断升级，饲喂管理逐步从粗放式向规范化转变，养殖规模不断扩大，逐渐向机械化、产业化、工厂化发展，湖羊产业迅速崛起。

尽管湖羊的原产地在太湖流域，但近年来北方省份"南羊北移"获得成功，如江苏、新疆、河南等地引进的湖羊饲养均取得良好成效。湖羊被不同地区引入后，能够适应当地的气候条件、饲草条件，能够保持其早熟、产羔多、四季发情、早期生长发育快、环境条件要求低、耐粗饲的特性，适合规模化工厂化饲养。湖羊繁殖率高，四季发情，泌乳量高，育羔性能好。此外，湖羊肉质好，营养价值高，广为消费者所喜爱。

总之，依靠河南省农科院等科研院所技术力量和品种优势，兰考县从单一种植粮食作物的传统模式，变成了以"四优四化"为主线大力推进农业供给侧结构性改革、发展优质高效农业的典型。未来，兰考湖羊、蜜瓜产业借助现代农业产业园等项目的打造，必将迎来新的历史机遇。

9.2.2 建设意义

9.2.2.1 带动脱贫致富，增加当地种植户经济收益

兰考作为河南省的农业大县，而非农业强县，当地农民并没有依靠传统农业脱贫致富。传统农业种植以小麦和玉米为主，以小麦为例，亩均产量450公斤，小麦单价为每公斤2.4元，年均收入1080元。玉米亩均产量要比小麦高，但市场价格波动较大，低时不高于每公斤1.4元，两季加和的总收入不超过2000元，除

去人工、化肥、种子、机收机播、灌溉等费用，以户均4亩地算，户均纯收入仅能维持基本生计，以此致富，遥不可及。因此，土地更像是农民的保命田。

然而，通过推广种植兰考蜜瓜，户均收入有显著的提升。按照正常年份种植两茬蜜瓜模式推算（参考兰考县2016—2018年春茬蜜瓜种植模式及价格），如果每户（2人）管理4个果蔬种植大棚，每户年净收益63536元。相比种植传统作物（每亩收益1250元，户均4亩地，净收益5000元），种植蜜瓜的经济收益是传统作物的12.7倍。因此，以兰考蜜瓜为特色主导产业，以蔬菜产业和牧羊产业为副主导产业进行现代农业产业园项目规划，不仅能巩固脱贫成果，而且能明显增加当地种植户经济收益。

9.2.2.2 盐碱土壤变良田，提升土地复种指数

兰考地处黄河故道，土质以砂壤土为主，富含有机质，pH值为7—8.5，呈弱碱性，不利于传统农作物生长。经过河南省园艺专家的精心调研、潜心研究，培育出了适合兰考县弱碱性土壤栽培种植的蜜瓜新品种，而且兰考蜜瓜所特有的弱碱性，契合现在人们追求健康饮食的理念，备受都市消费者青睐。至此，兰考的盐碱土壤变良田，成为当地农民增收的新希望。

兰考蜜瓜每年种植冬春茬和秋茬两个茬口，中间时间还可以补种时宜蔬菜。以蜜瓜品种"玉兰香"为例，冬春茬蜜瓜在每年2月温室育苗、移栽定植，5月上中旬开始采收，在5月底6月初上市；秋茬蜜瓜在6月上中旬育苗，7月上中旬移栽定植或7月上旬开始直播，9月中下旬开始采收，9月底10月初上市，临近双节，正是销售旺季。在当年的10月至次年的2月之间，正好培育一批反季节蔬菜，春节期间上市，与前两茬蜜瓜间作，形成"早春蜜瓜+秋延蜜瓜+越冬蔬菜"的设施园艺栽培模式。相比传统"玉米+小麦"的种植模式，可将相同地块的复种指数从2提升到3，提高土地综合利用率的同时，也增加了单位面积土地的经济效益。

9.2.2.3 农牧循环可持续，凸显兰考农业绿色发展理念

通过本项目建设，以"蜜瓜—蔬菜—蜜瓜"的循环种植模式，实现土地资源利用效率的最大化。按照"一控两减三基本"要求，园区内的河南中羊牧业有限公司通过年产20万吨高效复合生物肥料建设项目，对养殖小区粪便进行无害化、

稳定化和资源化处理，与果蔬种植基地实现对接，"蜜瓜—牧羊、蔬菜—牧羊"农牧结合循环绿色发展，推动农业环境突出问题治理。此外，项目的建设，将进一步推动园区高标准化建设质量可追溯体系的完善，有利于兰考县绿色食品基地和产品认证、农产品地理标志产品认证工作的提质增效，逐步彰显农业绿色发展、低碳发展、循环发展的理念。

9.2.2.4 优化农业种植结构，增强农产品市场定价话语权

在深入推进农业供给侧结构性改革的新时期，在扛稳粮食安全重担的前提下，以增加农民收入为目的，以市场需求为导向，以打造本地特色农产品为突破点，持续优化当地农业生产种植结构，成为农业产业高效发展的有效途径。兰考县借助打造蜜瓜品牌之际，有力推进种植业结构改革，并探索融合畜牧养殖业协同发展的新路子，改变以往小麦、花生、红薯、玉米的单一种植模式，实现农业生产种植结构的调整与优化。

蜜瓜和蔬菜作为兰考县特色主导产业，种植面积达到16.6万亩次，其中，兰考蜜瓜种植2.6万亩次，年产蜜瓜9.1万吨。虽然蜜瓜不存在滞销情况，但是蜜瓜的价格调整由收购商或分销商控制。以一级蜜瓜为例，产地收购价为每千克3.6元，很少超过每千克4元，并且还得与中间商提前沟通。然而，被运往北京新发地集散市场的蜜瓜销售价为每千克14元以上，可以看出，产业链上的一多半利润被中间商赚取，其原因就是参与市场竞争的蜜瓜规模远远不足，没有市场定价话语权。通过申请现代农业产业园项目，把蜜瓜产业做成支柱产业，全县蜜瓜种植面积达到10万亩次左右，年产蜜瓜35万吨以上，种植户与中间商的价格谈判地位势必会倒转。

9.2.2.5 龙头企业带动，促进乡村一、二、三产业融合

通过本项目建设，园区将建设成为以兰考沃森百旺农业发展有限公司为依托主体的蜜瓜育苗基地和兰考蜜瓜标准化种植示范园；以河南鑫合食品有限公司为依托主体的蜜瓜汁、蔬菜汁生产加工示范园；以河南省曲大姐食品有限公司为依托主体的蔬菜饼干、蜜瓜饼干加工示范园；以河南五农好食品有限公司为依托主体的蜜瓜醋、果脯加工和物流配送示范园；以兰考县新农贸综合市场为依托主体

的农特产品展示和农村电商孵化基地，覆盖果蔬产业链上、中、下游的一、二、三产业融合示范园区。

通过果蔬产业链上、中、下游龙头企业的示范带动，拉长了整个产业链条，一级果蔬以高价进入鲜品市场，获取利润；二级果蔬进入加工环节，制成休闲食品，提高其附加值；三级果蔬进行发酵酿醋或者制成果汁，再次提升农产品附加值。在确保种植户稳定收益不降低的同时，也实现资源最大化利用，杜绝资源浪费。

9.2.2.6　农业科技示范引领，加快兰考农业现代化步伐

果蔬种植的收益取决于总产量，更取决于果蔬产品的品质。果蔬产品的品质依赖于优良的品种，也依赖于科学的田间栽培与管理；产品的销售要依靠现代营销渠道和品牌效应，也要靠现代化的加工技术和全过程质量追溯保障，而以上目标也是现代农业的发展方向，这些目标的实现需要以科学技术为支撑。本项目建设，对打造果园区内果蔬品种繁育、高效栽培技术示范、现代化设备工艺加工、科学管理、快速配送、质量追溯、信息交流的平台，加快果蔬技术服务推广体系构建，促进兰考农业现代化发展，具有较强的促进作用。

9.2.3　建设范围

兰考县蜜瓜现代农业产业园，以兰考蜜瓜为特色主导产业，以蔬菜产业和牧羊产业为副主导产业，以仪封镇、葡萄架乡、阎楼乡、小宋镇和谷营镇为核心区创建现代农业产业园，以"蜜瓜+蔬菜+羊养殖""一主二副三循环"为特色主导产业。产业园区总面积332平方千米，辖156个行政村29万人，耕地面积37.93万亩，园区现有日光温室951座、塑料大棚10599座，蜜瓜种植面积2.6万亩，蔬菜种植面积14万亩次，羊存栏3200只。

仪封镇位于兰考县东南部，距县城12.5千米，交通便利，东与考城镇，西与兰阳街道，北与红庙镇、葡萄架乡毗邻，南临郑徐高铁、陇海铁路、连霍高速、310国道，216省道穿境而过，兰商干渠横贯全镇中部11个行政村，水利资源丰富，形成了优美的生态和自然风光。近年来，仪封廊道建设工作成效明显，公路四通

八达，境内有县道公路35.5千米，乡道公路37.5千米，村道路92.8千米，全乡形成了三横四纵的路网格局。

葡萄架乡位于兰考县中部偏南，距县城19千米，交通便利，313省道、216省道、孟马线、兰赵线在境内形成"井"字形路网格局。全乡共有河道27条，全长76600米，魏东干渠、贺李河、北沙河、黄蔡河、张新沟等县管河道在境内穿过，形成了便利的水利条件和优美的自然生态。

阎楼乡位于兰考县中部，毗邻红庙、堌阳、小宋、葡萄架等四个乡镇，距县城20千米，西临310、220国道和连霍、日南高速公路，交通十分便利。阎楼乡资源环境优越，闻名遐迩的兰考泡桐是当地的一大资源，有着三十多年的板材加工历史，是全县的桐木生产加工基地。

小宋镇位于兰考县东北部，毗邻南彰、葡萄架、阎楼、孟寨四个乡镇。距离县城35千米，南临兰曹路、孟马路，西临孙红路，交通便利。

谷营镇位于兰考县北部，距县城12千米，为兰考县四个中心镇之一，全镇利用黄河水灌溉耕地面积达6万余亩。

9.2.4 总体思路

兰考县以新时期农业供给侧结构性改革为主线，以"稳基础、重生态、促循环、育特色、全链条、拓功能"为思路，以推动三产融合、促进产业兴旺、带动农民就业增收为重要目标，以优化产业区域布局为根本，以市场需求为导向，以科技创新为支撑，以体制机制创新为动力，遵照《河南省乡村振兴战略规划（2018—2022年）》，重点打造蜜瓜蔬菜全产业链体系建设，不断提高"湖羊蜜瓜"生产经营的专业化、规模化、标准化、集约化和信息化水平，努力构建生产稳定发展、质量安全可靠、产销衔接顺畅的"湖羊蜜瓜"产业体系，充分发挥蜜瓜产业对现代农业建设和农民就业增收的带动作用。

围绕"湖羊蜜瓜"全产业链打造，依托农业、养殖业生产基地，结合"湖羊蜜瓜"深加工产业，打造出两个产业链相互支撑的现代农业发展新路径。通过建设果蔬深加工产业集聚区、农副产品供销集散中心、农副产品展示和电商培训中心、农牧绿色循环经济示范园、果蔬栽培示范园、果蔬产学研协同创新示范园，构建园区的一个主导产业（蜜瓜产业）、两个副主导产业（蔬菜产业、牧羊产业）和三循环（蜜瓜—牧羊、蔬菜—牧羊、蔬菜—蜜瓜）模式，形成以"一区两心三园""一主二副三循环"为主要特色的现代农业产业园。通过"一主二副三循环"功能区建设，实现"湖羊蜜瓜"从品种繁育、栽培种植、加工销售、物流仓储、社会服务等覆盖全产业链的关键环节的深度融合（见图9-1）。

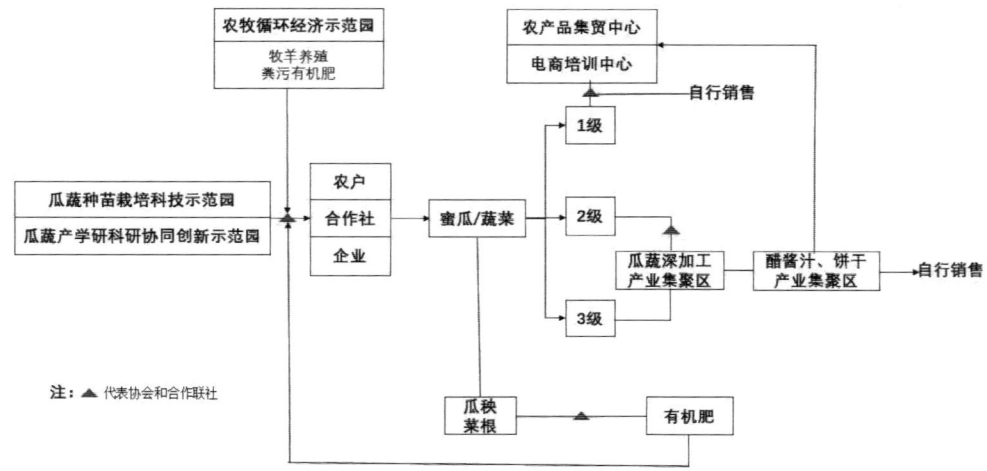

图 9-1 "湖羊蜜瓜"产业链和"一主二副三循环"建设示意图

9.2.5 功能定位

（1）中国高端蜜瓜之乡

充分利用和挖掘兰考蜜瓜品牌优势，立足全国果蔬及其制品的消费市场，瞄准高端消费群体，强化绿色、有机种养殖循环理念，努力将兰考蜜瓜这一品种优势转变为高端蜜瓜的品牌优势。

（2）中国湖羊产业总部经济中心

兰考县兰考湖羊产业已初步形成了集种质资源生产、技术研发、良种繁育、标准化规模养殖、屠宰加工为一体的全产业链条。下一步将继续鼓励龙头企业积极开拓国内市场，积极建立与郑州国际航空港的战略合作，力争借助"一带一路"倡议将兰考湖羊及其肉制品出口国外市场。支持龙头企业建立企业总部，打造"总部设在兰考,原料来自全球,产品分销全球"的产业发展模式,将兰考打造为兰考湖羊产业总部经济中心。

(3)中国乡村产业兴旺引领区

立足城乡统筹、产业振兴发展目标,充分利用园区土地、资金、人力等资源和平台优势,为农民工返乡创业、中高等院校毕业生就业创业提供更多机会,培育新型经营主体、新型经营业态,积极实施农村"三变"举措,使资源变股权、资金变股金、农民变股民,壮大乡村集体经济。采用多种模式稳固促进农民增收,逐步缩小城乡差距,促进城乡统筹发展,建成全国乡村产业兴旺引领区。

(4)现代农业"互联网+"模式创新示范基地

根据市场渠道升级及用户需求变化,在传统流通渠道羊肉、蜜瓜及其加工制品销售模式基础上,着力打造基于终端用户农副产品消费习惯与线上线下融合的"互联网+"新零售营销模式,在行业内部率先建立起产品、运营、供应链、客服及多维度数据分析的四位一体模型。借助当前强势互联网营销平台,天猫、拼多多等电商平台以及抖音网红等日渐成为园区农副产品分销的重要依托。

同时,在物流端与全国知名物流公司——顺丰、邮政等冷运紧密合作,确保全国各地消费者可以第一时间品尝到美味的羊肉、蜜瓜。今后,将不断加强与线上天猫、京东以及线下永辉、盒马鲜生等新零售商流平台的深度合作,同步推进与顺丰、安鲜达等冷链物流公司在冷链物流方面的合作,从而更好地满足全国用户鲜品消费习惯,让园区成为现代农业"互联网+"模式的创新示范基地。

(5)"平原农业"种养循环高效发展模式实验先导区

兰考县地处河南省豫东平原,因其处于黄河滩区,土壤以弱碱性质为主,灌溉用水主要取自地上黄河,农业人口占比超过70%,传统农业生产主要以种植业为主,传统农业发展之路"高投入、高消耗、高污染、低效益"的问题突出。通过产业园区建设,更多的人力、资金、科技得以汇集,更多的土地得以集约化经营,新型的种植、养殖方式得以应用,以先进的工业化设备装备农业,以新零售新业态的经营理念赋予传统农业新的生命力,农村一、二、三产业得以深度融合,农牧绿色循环得以进一步增强。外部资源的强力介入,改变原有农业生产结构,农业全要素生产率得以明显提升，农牧业发展更加绿色可持续，兰考县成为"平原农业"种养循环模式高效发展的实验先导区。

9.2.6 总体目标

围绕兰考蜜瓜育种、种植、加工、品牌提升等建设国家现代农业产业园，打造成以兰考蜜瓜为主题的独具特色的现代农业产业园，带动优质品种繁育、蔬菜种植、休闲观光、农产品加工、冷储配送、电商培训、产品展示、信息交流、科教示范等产业融合发展，产业园实现年生产总值万亿元以上，"三品一标"产品产量占比达到95%以上，人均收入高出本区域外人员40%，辐射带动50万亩耕地的农业增收。

9.3 现代农业产业园建设优劣势

9.3.1 优势分析

9.3.1.1 政治地位优势显著

兰考是焦裕禄精神的发祥地，是焦裕禄为之付出汗水乃至献出生命的地方，具有无可比拟的政治优势。作为习近平总书记第二批党的群众路线教育实践活动联系点，也足以证明兰考县在全国两千多个县级行政区划单位中的政治地位。近年来，习近平总书记多次深入兰考调研，曾在一年内两赴兰考，并亲手栽下泡桐树，与当年焦裕禄栽下的"焦桐"相互守望。这就像是鲜红的旗帜，让我们牢记"勿忘人民"的教诲，擎起弘扬焦裕禄精神的火炬，准确传达党的主张，更好体现人民愿望，要不忘初心、牢记使命，带领兰考人民共同奋力谱写新时代兰考高质量发展的新篇章。同时，兰考县也是河南省委书记的联系点，兰考各项事业的发展，无不见证着省委书记的牵挂与指导，这些都体现出了兰考县在河南省80多个县中的政治优势。

9.3.1.2 主导产业定位准确

兰考"湖羊蜜瓜"是兰考县特色主导产业，瓜菜种植面积达到16.6万亩次，其中兰考蜜瓜种植2.6万亩次，2018年通过农业农村部地理标志认证。兰考蜜瓜、兰考红薯和兰考花生被县委、县政府确定为兰考"新三宝"。2017年，开封市委常委、兰考县委书记在十九大党代表通道上，利用二维码向全国人民宣传推介了兰考蜜瓜，极大地提高了兰考蜜瓜的知名度。

兰考蜜瓜产业作为兰考县特色主导产业，县委、县政府高度重视，引进北京新发地、兰考沃森百旺农业发展有限公司在仪封镇和小宋镇建立蜜瓜育苗基地，为蜜瓜种植提供种苗支持，并为兰考蜜瓜打通了北京新发地市场这一销售渠道；依托省农科院和郑州果树研究所科研优势，指导蜜瓜种植；以河南五农好食品有限公司、河南润野食品有限公司、河南省曲大姐食品有限公司、河南鑫合食品有限公司等本土加工企业，对次品蜜瓜进行深加工。兰考县委、县政府注重兰考蜜瓜的全产业链打造，在育苗、种植、加工、储藏、销售等环节共同推进，推动一、二、三产业融合发展，定位准确，优势明显。

9.3.1.3　专项规划布局合理

兰考县产业园区种植、研发、加工、物流、电商服务等一、二、三产业板块已经形成，且相对集中，联系紧密。产业园区规划与村镇规划、土地利用等规划进行了衔接，能够形成同步推进、产村融合发展的格局。从扩大蜜瓜种植规模上将兰考打造成"蜜瓜之乡"，再从挖掘农业生态价值、休闲价值、文化价值方面，打造出东、西两条重点不同的发展路线。

9.3.1.4　建设水平区域领先

兰考县是"四好农村路"全国示范县，产业园区生产设施条件好，高标准粮田31.3万亩，占总耕地面积的82.5%；主要农作物耕种收综合机械化率达到86%，高于河南省平均水平；产业园区内建立益农信息社132个，信息服务体系健全。在蜜瓜育苗基地建设和培育中，基地与中国农科院、河南省农科院等科研院所建立合作关系，并以此为依托建立北京新发地兰考蜜瓜科研示范基地，培育、引进适宜兰考生长的蜜瓜新品种。同时，在育苗基地园区内建设了兰考蜜瓜标准化种植示范园，引导蜜瓜种植户更新适合市场销路的优质蜜瓜品种，构建兰考蜜瓜的规模化、标准化、品牌化发展新模式，在专家及专业技术人员指导下，园区内种植专业人才队伍初步建立，从事"湖羊蜜瓜"种植的新型农业主体66家，都已成为园区建设主导力量。

9.3.1.5 绿色发展成效突出

园区全面贯彻党中央、国务院决策部署，落实新发展理念，加快推进农业供给侧结构性改革，增强农业可持续发展能力，提高农业发展的质量效益和竞争力，按照"一控两减三基本"要求，推动农业环境突出问题治理。产业园区在"一主二副三循环"建设中，生产标准化程度高，推进农业资源循环开发利用，做好农业生产种植生产资料、畜牧养殖粪污、食品加工废弃物的循环可持续利用与无害化处理，大力推行农业节水，建立绿色、低碳、循环发展长效机制，推动园区生态友好、可持续发展。初步建立了质量可追溯体系和绿色食品认证基地，兰考蜜瓜也成了兰考县第一个农产品地理标志产品。在县委、县政府的支持和领导下，园区农业绿色发展、循环发展、低碳发展长效机制初步建立。

9.3.1.6 带农增收作用显著

园区依托兰考沃森百旺农业发展有限公司、河南五农好食品有限公司、河南中羊牧业有限公司等龙头企业，河南省曲大姐食品有限公司、河南鑫合食品有限公司等本地知名企业，带动农户通过土地入股、签订订单、统一销售、土地流转和在产业社区就近务工等方式实现就业增收。2018年园区瓜菜产业产值达到20.4亿元，占园区总产值的84%。2018年，产业园区农民人均可支配收入16732元。其中北京新发地兰考蜜瓜育苗基地在"基地＋合作社＋农户"的发展模式下带动80户贫困户240余人参与就业，除去公司分成，一年两季净利润可达6万元。中羊牧业在"公司＋合作社＋农户＋金融"的推广模式下，2018年12月底出栏育肥羊2.93万只，出栏种羊1.31万只，实现营业收入7282万元，为当地农户增收1002.27万元，其中带动建档立卡户增收和就业收入合计136.12万元，2019年1、2月份合同养殖户收益248.35万元，养殖帮扶和就业帮扶建档立卡贫困户增收38.89万元。

9.3.1.7 组织管理机制完善

为保障兰考县蜜瓜现代农业产业园区的有序管理和高效运行，产业园区积极探索专业化企业运营模式，组建运营管理公司，全面承担园区的开发、建设、经营与管理，推动市场化运作，有效解决开发建设融资问题。园区运营管理公司主要负责园区整体项目的建设推进、组织管理、经营运作，构建联农带农机制主体间的基础关系，同时同政府、农业经济合作组织、兰考蜜瓜产业协会、农户、科研机构等其他园区参与主体，形成以市场为导向的园区主体协同关系，营造健康和谐、利益共享的园区管理和运作环境。最终园区做到产权明晰、权责明确、管理科学、政企分开，形成兰考蜜瓜现代农业产业园持续发展的动力机制。

9.3.1.8 政策支持措施有力

县委、县政府高度重视农业产业发展，出台优惠政策文件。此外，对设施农业建设进行奖补，利用普惠金融向农户授信、贷款，政府贴息贫困户，促进大棚建设；推行设施农业保险政策，继续对发展设施农业农户进行全覆盖投保，为广大种植户提供保障；出台技术指导与收购政策，将扶持瓜菜产业发展资金纳入财政正常年度预算；强化金融机构对瓜菜产业发展的支持作用，积极协调引导银行信贷资金投向瓜菜生产大中型企业、专业合作社；建立健全产业管理机构，设立瓜菜产业发展办公室，配备相应专职人员；提高瓜菜产业信息化水平，加强物流网建设，为瓜菜产业发展提供组织、政策、资金、人才服务等保障。

9.3.2 限制因素分析

9.3.2.1 科技人才数量不足

实施乡村全面振兴战略，要坚持农业农村优先发展，加快推进农业农村现代化，而发展现代农业急需专业科技人才的支撑。在兰考的蜜瓜种植中，蜜瓜属于"贵族"类植物，对种植技术、水肥管理、温控调节等要求较高，由于兰考蜜瓜种植在本园区内尚属起步阶段，农民对蜜瓜种植技术的掌握有待提高，急需专业技术人才的技术支持。受各种因素的限制，园区现有农业科技人才较少，创新动力不足，需要在政府、农业部门及企业的支持下，依照农业产业的人才需求，培养一大批专业素质高、创新能力强、综合能力过硬的现代农业产业技术人才，服务于广大种植户。

9.3.2.2　加工设备及资金短缺

对于农业基础设施来说，近年来虽然政府加大了农田水利设施建设力度，注入资金实施了高标准农田建设项目、农业综合开发项目及一些水利设施建设项目，但兰考县部分田地基础设施建设依然薄弱，农田水利设施配套不完善，缺少农业粮食生产烘干设备及秸秆回收利用设备，园区内部分地区缺少变压器、地埋线、地埋管、水泵等设施，有限的设施及资金阻碍了兰考县农业现代化的发展步伐。其次，在打造蜜瓜一、二、三产业融合发展的过程中，个别加工企业存在设备、生产线短缺的问题，需政府帮扶及资金注入。

9.3.2.3　物流储运设施不足

蜜瓜集中上市，离不开短时间的保鲜储藏，县委、县政府依托农产品产地初加工项目，支持种植户建设冷鲜库，将冷鲜库补助标准由30%提高到70%，大力支持冷鲜库建设。但由于兰考蜜瓜产业正处于快速发展中，园区内冷鲜库数量不足，造成农产品初加工冷藏受阻，制约了蜜瓜的生产、储存和销售。同时，伴随着经济和互联网的快速发展，物流体系作用于农产品是势在必行的，而兰考县现有的物流体系大都是作用于普通物品的运输，速度不够快，考虑到农产品的贮藏环境和保质期，再加上出产农产品的乡镇地区物流系统不够发达，物流体系并不能满足农产品运输的需求。

9.3.2.4　产品品牌化建设力度不够

兰考蜜瓜在品牌化建设的过程中，应充分发挥区域性优势，挖掘其独特的历史、政治、人文、资源、风俗等相应元素，并在其中提炼相应的价值，将其作为兰考蜜瓜品牌化建设的关键。兰考蜜瓜是兰考县第一个农产品地理标志，以其独特的产品风味，深受人们喜爱。在销售方面，主要是依托北京新发地兰考特色农产品展览馆，与北京新发地农贸批发市场、华润超市及浙江嘉兴、广州江南农产品批发市场对接，打开销售渠道。但兰考蜜瓜的品牌在全国影响力还不够，没有打造出特色品牌。同时，线上营销做得还不到位，网络营销和市场信息建设滞后，市场营销队伍能力不强，未能打入国际特色农产品市场和国内大中型特色农产品交易市场，这些因素均影响和制约了兰考蜜瓜品牌优势的宣传和发展。

9.4 现代农业产业园助力乡村全面振兴实现路径

9.4.1 总体布局

规划围绕农业、养殖业生产基地，重点打造"湖羊蜜瓜"的深加工业，形成两个产业链，在这两个产业链基础上，形成核心区、示范区及辐射区。其中，核心区重点打造果蔬深加工产业集聚区、农副产品供销集散中心、农副产品展示和电商培训中心，即"一区两心"。示范区重点打造三个示范园，农牧绿色循环经济示范园、果蔬栽培示范园、果蔬产学研协同创新示范园，即"三园"，立足河南全境、辐射全国乃至国外；整个园区形成"一区两心三园"，即"123"行动专项。

9.4.1.1 功能分区

（1）核心区

核心区依托兰考主城区和产业集聚区，重点打造"一区两心"，主要功能是果蔬等农产品的深加工、展示交易。

"一区"即果蔬深加工产业集聚区，与本项目主导产业相关的入驻企业有河南五农好食品有限公司、河南鑫合食品有限公司、河南省曲大姐食品有限公司。

河南五农好食品有限公司以提高蜜瓜、蔬菜等农产品商品转化率、拓展农产品外销渠道、改善农民生活、带动农村经济发展为目的，充分发挥"互联网+"优势，突破物流、信息流、支付流的瓶颈，发挥"工业品下乡"和"农产品进城"的双向流通功能，配合国家规划及"互联网+"行动计划，在农村电商、传统企业转型、电商扶贫等领域大力发展。

河南鑫合食品有限公司主要经营水道夫花生奶、水道夫纯净水等。公司以优质花生和弱碱性深井水为原料，采用传统方法，结合现代技术设备精制而成，产品被消费者认可。水道夫饮用纯净水，取用黄河故道660米处深井水，无污染、弱碱性，迎合市场需求，也成为当地百姓生活必备之佳品。2018年5月开始与河南省农业科学院合作，研发出蜜瓜汁、蔬菜汁等新型果蔬饮品，建设瓜果饮品生产线、蔬菜饮品生产线，为"湖羊蜜瓜"产业的发展提供强劲支撑。

河南省曲大姐食品有限公司与河南农业大学及河南省农科院合作，参与种植管理。企业和农户签订回收合同进行统购，高于市场价回收优质农产品，提高了农民种植积极性，并从根本上提高了农产品的品质。农产品生产过程中消化了很大一部分兰考本地产出的优质小麦、花生、蜜瓜、果品、各种蔬菜及食用菌等农产品，从根本上解决了种植户和种植企业的技术支撑服务和销售问题，提高了农产品品质和农户收入的同时，也提升了基础农产品附加值。公司与各个乡镇的农业合作社加强合作，采用"公司＋合作社＋农户"的模式，带动贫困户就业三分之一左右，带领农民增收致富。公司与兰考新发地育苗基地合作蜜瓜深加工，生产蜜瓜类休闲食品，蜜瓜馅料、蜜瓜丁、蜜瓜饼的生产技术获得河南省农业系统的科技成果奖和科技创新奖，食品严格按照相关国家标准规范化生产。

"两心"主要指农副产品供销集散中心、农副产品展示和电商培训中心。

农副产品供销集散中心。以兰考县新农贸综合市场为依托，发展成为集农资、农贸、农副产品集散交易，全国贫困地区农特产品展示，县域农批市场普惠金融示范等多项功能于一身的果蔬产品供销集散地。该项目包括农资、农贸、农副产品交易市场等功能区，于2018年3月交给兰考县供销社管理，同年9月初注册成立兰考县兴兰新农贸综合市场管理有限公司。该项目基础功能定位为兰考农副食品交易、农资和农机销售产业集聚区，保障市民菜篮子，集中城市管理功能，聚焦同类业态，促进批发业态发展。

农副产品展示和电商培训中心。以兰考新农贸综合市场、农产品为主体，通过运用现代信息技术、物联网技术、管理技术，搭建农副加工产品展示和电子交易平台，开展产品展示、电商交易和相关配套服务，促进农副加工产品市场流通。其中电子交易平台既可以引领兰考县及周边地区果蔬乃至农林种植业、加工业加快向现代化、规模化、品牌化方向转型，又可以推动物流、金融、会展、信息等现代服务业发展，必将为推进精品农业、品牌农业发展提供有益的经验和借鉴，成为园区的交易中心、结算中心、定价中心、信息中心、资源配置中心。此外，该中心已经与河南省科学技术学会等科技单位合作，在物流电商职业农民培训方面深度融合，已经成为定点培训基地，每年定期开展新型职业农民技能培训。同时与河南省农业科学院、河南牧业经济学院等教科研单位达成合作协议，开展业务范围更广的培训。

（2）示范区

示范区重点建设三个示范园：农牧绿色循环经济示范园、果蔬栽培示范园、果蔬产学研协同创新示范园。

农牧绿色循环经济示范园。该项目以河南中羊牧业有限公司为主体，规划占地面积700亩。占地600亩的养殖场区建设标准化种羊、育肥羊羊舍，有机肥厂占地约100亩。通过实施集约化养殖小区粪便无害化、稳定化和资源化处理，达到年产20万吨高效复合生物肥料的生产目标。通过项目建设，实现园区的"湖羊蜜瓜"产业与牧羊养殖产业的有机结合，实现"蜜瓜—牧羊""蔬菜—牧羊"双循环。

果蔬栽培示范园。俗话说，"要想农民干，先让农民看"。果蔬栽培示范园以北京新发地兰考蜜瓜育苗基地为主体，建设成为蜜瓜设施栽培模式创新示范、引领的先行者。在示范区种植自繁自育的适合市场销售的优质蜜瓜品种，为广大的兰考蜜瓜种植户做示范，引导瓜农大规模种植，构建兰考蜜瓜的规模化、标准化、品牌化发展新模式。该项目涉及小宋镇和仪封镇，围绕国家粮食生产核心区建设和高标准粮田建设，利用园区创新集成的品种和技术，建成高标准、规模化、现代化的蜜瓜栽培种植示范基地，示范带动辐射区进行推广应用，确保果蔬生产和粮食生产双丰收。

果蔬产学研协同创新示范园。果蔬产学研协同创新示范园以北京新发地兰考蜜瓜育苗基地为主体，为了提供优质果蔬苗木以符合产业链上游生产种植需要，与中国农科院郑州果树研究所、河南省农科院园艺研究所等科研院所建立科研合作关系，聘请郑州果树研究所的徐永阳技术团队3人、农科院园艺研究所的常高正技术团队4人、兰考县农业农村局蜜瓜技术指导组16人及各乡镇的技术员或土专家42人，在果蔬新品种选育、土壤检测、种植结构调整等方面，积极研发新技术、新标准。

为了提供优质果蔬鲜品，以满足产业链中游加工企业的加工需要及下游消费环节的需要，果蔬产学研协同创新示范园与河南五农好食品有限公司等当地果蔬加工龙头企业、北京新发地大型集贸市场建立产品加工、产品销售对接机制，示范种植适宜兰考生长的蜜瓜新品种，引导蜜瓜种植户更新适合工业加工、市场销路的优质蜜瓜品种，构建兰考蜜瓜的规模化、标准化、品牌化发展新模式。

为促进科研推广、服务地方高校、增强大学生创业能力，果蔬产学研协同创新示范园与河南牧业经济学院、河南农业职业学院等高校建立产教融合合作关系，通过挂职锻炼、顾问指导等形式邀请高校老师定期到示范园进行产教活动对接，通过毕业实践锻炼、生产实践顶岗锻炼等形式，给高校大学生提供创新创业的试验机会。

（3）辐射区

以园区为平台，在核心区、示范区进行技术熟化和成果转化，将园区研发的果蔬新品种、栽培新技术、种植新模式、产学研新机制向兰考周边及省内外辐射传播，带动辐射区域产业转型升级和经济快速发展。同时，积极改善园区投资环境，吸引国内外种业企业、高校科研院所及科技服务企业入驻园区，扩大科技协同创新能效，把园区打造成"示范豫东、引领河南、影响全国、驰名世界"的现代农业科技示范园区。

9.4.1.2 产业布局

园区主要定位为三大产业：现代园艺作物种业（良种繁育）、现代高效农业（园艺作物循环栽培种植）、农副产品现代加工业。

（1）现代园艺作物种业（良种繁育）

新品种开发和制种主要集中在仪封镇和小宋镇的"湖羊蜜瓜"良种繁育基地。基地建有育苗日光温室，配套防寒保温、遮阳降温、通风换气、水肥一体、育苗床架、基质装盘等设施设备，重点研发和推广健康种苗生产技术，将育苗相关的种子处理、育苗环境控制、病虫害控制等生产工艺进行集成组装，制定育苗技术标准，实现蜜瓜种苗的集约化安全生产，满足"湖羊蜜瓜"栽培种植的种苗需求，推动果蔬育苗向专业化、商品化、产业化方向发展。

（2）现代高效农业（园艺作物循环栽培种植）

全县现代高效农业（园艺作物循环栽培种植）以阎楼乡、仪封镇、葡萄架乡、小宋镇、谷营镇5个乡镇156个行政村为主，辐射带动周边乡镇和县市的现代高效农业栽培种植，并利用2020年、2021年两年时间，将蜜瓜产业做成兰考县支柱产业，把园区打造成"蜜瓜之乡"的发源地。

（3）农副产品现代加工业

农副产品现代加工业主要分布在位于仪封镇、谷营镇的果蔬深加工产业集聚区。与本项目主导产业相关的入驻企业有河南省曲大姐食品有限公司、河南鑫合食品有限公司、河南五农好食品有限公司，主要开发蜜瓜饼干、蜜瓜汁、蜜瓜醋、果脯及蔬菜饼干、蔬菜汁、蔬菜粉等休闲食品，形成年加工二级、三级果蔬10万吨能力，使一级果蔬上市销售，二级、三级果蔬深加工，保护果蔬农生产收益。

9.4.2 强化"湖羊蜜瓜"良种繁育

大力加强育苗基地建设，改善设施条件，规范操作技术，推动蜜瓜育苗向专业化、商品化、产业化方向发展。

打造优良品种选育科研平台。省、县、乡、村四级技术服务体系完备，种植水平大幅提升；种植模式成熟，逐步形成"瓜菜""瓜菌"科学种植模式；种植主导品种达到10个以上，早、中、晚成熟期搭配，厚皮、薄皮兼种；蜜瓜上市期延长；全生产链条更加完善，深加工能力达到总产量的30%以上；形成若干有影响的品牌，产品全部达到绿色标准，建立起蜜瓜质量可追溯系统。

9.4.3 建设新农贸综合市场

新农贸综合市场，由24个建筑单体组成，占地330亩，总建筑面积为10万多平方米。建有农副产品、农贸、农机交易大棚5个，商贸综合楼、商铺等10座，配套冷库、仓库、物流中心等9个，完善农资、农贸、农副产品交易市场等功能区，以期发展成为全国贫困地区农特产品展示中心、农资农贸农副产品集散交易中心、县域农批市场普惠金融示范基地。

9.4.4　新建高效复合生物肥料生产基地

河南中羊牧业有限公司以中国农业科学院农业资源与农业区划研究所为技术依托，建设年产20万吨高效复合生物肥料生产基地。项目实施集约化养殖小区粪便无害化、稳定化和资源化处理，生产高效复合生物肥料产品，通过新技术、新工艺、新装备和新产品的应用开发、集成配套，解决畜牧养殖企业面临的治污难和发展的阶段性瓶颈问题，将制约发展的因素转化为促进企业发展的优势资源。

该项目采用生物工程技术解决养殖企业污染物和作物秸秆焚烧等问题，寻求优化畜禽养殖废弃物和农作物秸秆的处理模式，在治理二次污染的同时产生高效复合生物肥料。此外，该项目拟建立中小型养殖企业粪污、农林废弃物等第三方处理模式示范样板。通过社会效益、经济效益、环境治理三个方面进行全方位综合评判比较，为优化畜禽养殖业和种植业生产模式提供参考，为养殖业和种植业结构调整、优化升级提供示范样板。

本项目关键技术为有机-无机复合造粒技术和微生物菌剂制备技术的复合应用技术，以有机高分子材料作为造粒黏结剂，解决了有机肥和有机-无机复肥造粒难的问题；以有机高分子材料作为微生物菌剂的保护体，有效解决了生物活体不耐盐的技术难题；同时，创制了高效复合生物肥料；此外，采用常规复肥造粒工艺，有机肥无须灭菌和低温干燥，有效解决了高效复合生物肥料规模化生产问题。

园区通过该项目建设所生产的高效复合生物肥料，与"湖羊蜜瓜"形成"三循环"，既改良土壤物理结构、治理土壤微生态环境，又是发展生态有机农业的必备产品，也能达到高效增产、食品安全、生态友好的三重目的。

9.4.5　优化布局"湖羊蜜瓜"产业链

9.4.5.1　增强蜜瓜加工、储藏能力

建设吞吐能力万吨左右的现代化大型果蔬冷藏库，使全县冷鲜库储藏能力达到2万吨，以防优质果蔬在集中上市期滞销现象出现，利用冷藏库可以适当拉长新鲜果蔬上市周期，错开高峰期，提高产地价格，增加生产收益。同时，支持农

民和专业合作组织改善贮藏、保鲜、清选分级、包装等设施装备条件，重点加强分级、包装、预冷等设施建设，提高商品化处理能力，稳定商品质量、减少损耗，推动保鲜物流设施条件改善。推广初加工、储存保鲜和低温运输技术，发展一体化保鲜物流，建立跨地区长途调运的保鲜物流体系，促进反季节销售。加强兰考县蜜瓜保鲜配送设施建设，发展具有集中采购、跨区域配送能力的现代化瓜果配送中心。

9.4.5.2　发展新型流通业态

加强兰考果蔬产区与大中城市消费市场的产销对接与协作，推进"农超对接""农批对接"和订单生产，落实鲜活农产品运输"绿色通道"政策，降低蜜瓜流通成本。积极发展多种生产性经营主体和服务性经营主体，引导农产品综合市场向上、下游延伸经营链条，与农产品生产基地和零售客户建立直接购销关系，开展对团体、超市的配送服务。鼓励瓜农与专业合作经济组织、专业协会签订合同，发展订单蜜瓜生产，形成产、加、销一体的利益共同体，从而降低市场风险，建立稳定的产销关系，有效解决生产与销售脱节的问题。此外，要进一步引进和规范电子商务交易，拓宽销售渠道，着力培育一批以蜜瓜为主的营销队伍，健全自己的销售体系，形成高、中、低档相匹配的销售渠道，促进果蔬销售。

9.4.5.3　推进信息服务体系建设

整合蜜瓜生产和市场信息，建立产业信息监测预警平台。对接生产端，建立蜜瓜生产信息监测体系，对兰考蜜瓜产区相关信息进行采集、分析、预测和发布，指导农民生产，充分发挥益农社作用，与生产信息平台相结合，定期收集发布蜜瓜价格、供求等信息。对接销售终端，建立主要销售市场的蜜瓜产销信息监测预警体系，对下年度产业供求及价格波动趋势进行科学预测，通过主流媒体及时发布相关信息，引导蜜瓜种植户、经营者合理安排生产和经营活动。

建立园区信息化办公系统。优化县级农业信息中心、乡镇农业信息服务站、农村农业信息点的网络资源，建立覆盖园区农业龙头企业、农民专业合作社、种植户的信息化办公系统，借助网络服务，生产经营主体可以及时了解国际形势、国家政策、经济发展动态和气象信息，学习实用技术，接受网上培训和远程教育，通过信息化办公系统提高园区生产经营效率。

建立智慧农业种植信息系统。园区通过农业地理信息系统建设，逐步发展智慧农业，以果蔬种苗繁育基地为示范点，建立农业管理分析、农业田间环境动态监测等智慧化管理体系。

9.4.6 构建新型农业科技社会化服务体系

在育种栽培技术与团队建设方面，依托河南省农业科学院、郑州果树研究所技术优势，建立健全蜜瓜四级技术服务体系，蜜瓜技术推广员达到300人。加强技术培训工作，通过省农科院专家、县农林局技术人员、乡村技术指导员、示范大户、瓜农层层开展培训工作，推广普及蜜瓜优质高效栽培技术。

在加工工艺、电商物流、冷链储运、品牌营销方面，依托河南工业大学、河南农业大学、河南牧业经济学院，结合河南省科技特派员政策，建立"湖羊蜜瓜"产后技术服务体系，成立指导专家组，加强企业关键核心加工技术、工艺，及时摆脱企业生产发展困境，提升农副产品现代化加工水平。

在组织实施上，实行"六统一"服务，即实行统一技术培训、统一品种布局、统一配方施肥、统一病虫防治、统一适时收获、统一秸秆还田，真正把先进技术落实到田间地头，提高标准化生产水平。

9.4.7 探索开发"蜜瓜之乡"休闲农业观光带

据《兰考旧志汇编》及有关史料记载，自唐朝贞观元年（公元627年）开始，开封已有瓜类的种植历史，如何将悠久历史文化价值挖掘出来，呈献给海内外宾朋，也成为现代农业产业园建设的重要任务之一。开发"蜜瓜之乡"休闲农业观光带，从文旅角度将兰考打造成"蜜瓜之乡"。挖掘农业生态价值、休闲价值、文化价值，为蜜瓜产业链上的各类产品寻找家门口的销售渠道。

9.4.7.1 西线项目

西线项目涉及仪封镇、红庙镇、谷营镇三个乡镇，布局"工业旅游＋科技旅游"项目。工业旅游项目主要涉及仪封镇、谷营镇果蔬产品加工产业集聚区，为增加旅游趣味性，需要对现有加工企业的规划设计予以调整，增加工业参观性和工业美感，通过良好体验，打造产业园品牌。科技旅游项目主要涉及仪封镇、红庙镇蜜瓜育种科技示范基地，为让游客体验设施农业现代科技神秘感，园区将规划设计参观通道，设置采摘区、体验交互区、科普宣传区，通过科普讲解与科技体验，打造产业园品牌。

9.4.7.2 东线项目

东线项目涉及小宋镇、葡萄架乡、阎楼乡等乡镇，布局"设施农业观光旅游"项目。葡萄架乡是现代蜜瓜种植发源地，以上3个乡镇蜜瓜栽培种植规模达到10万亩次，成为兰考蜜瓜的核心产区。规模化的设施园艺必将成为现代农业园区的一道亮丽风景线，其潜在观光价值巨大，再搭配人工果林、畜牧饲草场、景观绿化带、摘果生态基地等观光点，将会给乡民、游客和客商带来美的感受，也会带动沿路各村的经济发展。

最终，通过打造"蜜瓜之乡"文化旅游区来提振发展种植业经济，推进现代农业发展方式创新，增加当地农民收入，是一条可以探索的途径。

9.5 营运机制分析

9.5.1 内生驱动机制

本着"姓农、务农、为农、兴农"的办园方针，园区在运行机制方面着重体现在园区技术创新机制、可持续发展机制和三产融合发展机制。

9.5.1.1 园区技术创新机制

依托中国农科院与兰考县政府"院县共建"模式，按照共建、共治、共享的原则打造蜜瓜试验示范基地、蜜瓜产业创新与成果转化平台、农业绿色发展技术集成模式研究与示范基地。依托河南省农业科学院、郑州果树研究所技术优势，开展技术培训、技术咨询等技术服务，建立健全蜜瓜四级技术服务体系，发展蜜瓜技术推广人员。与北京新发地公司合作建立兰考蜜瓜科研示范基地和标准化种植示范园，培育、引进适宜兰考生长的蜜瓜新品种，引导蜜瓜种植户更新适合市场销路的优质蜜瓜品种，构建兰考蜜瓜的规模化、标准化、品牌化发展新模式。

9.5.1.2 园区可持续发展机制

可持续发展机制具体体现为园区内的三个循环农业产业模式，即"蜜瓜—牧羊""蔬菜—牧羊""蔬菜—蜜瓜"循环农业的"湖羊蜜瓜"种植模式。瓜秧、菜秧为制作有机肥提供来源，同时养殖场的粪便通过无害化、稳定化和资源化的处理后形成牧羊养殖粪污有机肥，为蜜瓜蔬菜养殖提供生物有机肥。在高效复合生物肥料生产基地，用生物工程技术解决养殖企业污染物和作物秸秆燃烧等问题，在治理二次污染的同时产生高效复合生物肥料，既改良土壤物理结构、治理土壤微生态环境，又是发展生态有机农业的必备条件。兰考蜜瓜一年两茬，分为冬春茬和秋茬，中间时间补种适宜蔬菜，形成"湖羊蜜瓜"的种植模式，即"早春蜜瓜＋秋延蜜瓜＋越冬蔬菜"的设施园艺栽培模式，是国家农业"藏粮于地、藏粮于技"发展战略的实践应用。

9.5.1.3 园区三产融合发展机制

三产融合发展机制具体体现为产加销融合、农教科融合、农政旅融合。园区将建设为蜜瓜产业规模化、蜜瓜加工上台阶、蜜瓜品牌创驰名、蜜瓜蔬菜带动区域产值创新高的果蔬深加工集聚区，实现产加销融合。在园区内构建"仪封镇—红庙镇—谷营镇"兰考西线项目体系，依托果蔬深加工产业开发"工业旅游＋科技旅游"项目，打造农业科技的展示区、科普教育的宣传区，实现农教科融合。在园区内构建"小宋镇—葡萄架乡—阎楼乡"兰考东线项目体系，依托标准化、规模化的设施园艺产业，开发"设施园艺＋观光旅游"项目，同时，充分发挥兰考的党建优势和优良传统，弘扬焦裕禄精神，巩固扶贫成果，打造"蜜瓜之乡"红色文化旅游区，形成一、二、三产业融合发展的集聚区。

9.5.2 利益联结机制

为了使现代农业产业园真正发挥引领带头作用，给园区农民带来实实在在的好处，兰考县不断探索龙头企业、专业协会、合作社、生产基地和农户之间的合作模式，创新联农带农的机制。

9.5.2.1 农副产品生产环节利益联结机制

（1）"公司+合作社+农户+基地"种植模式

2017年6月，县农业部门组织广大蜜瓜种植户成立了兰考县蜜瓜协会，通过协会这一平台，对接产业园区内的4个农民专业合作联社和66个专业合作社，把广大瓜农组织起来，与3个蜜瓜育苗基地合作，构建了"公司+合作社+农户+基地"的模式（见图9-2）。基地免费为贫困户建设大棚，并提供种苗、农资；合作社负责种植过程中的技术指导，并协同客商和企业做好瓜菜的统一分级和包装；贫困户只需土地入股并进行日常大棚的生产管理（普通农户需垫付农资）；兰考沃森百旺农业发展有限公司等企业按蜜瓜的等级进行回收和销售。通过这种合作模式，一方面，通过流转农民土地给基地，让农民直接从瓜菜种植中受益，农民年均土地流转金每亩1000元，而农民自己种地的纯收益大约为每亩600元。产业园区内已流转土地5.81万亩，农民年直接收益232.4万元；另一方面，通过土地入股农民还可以获得分红，扣除用于种植的各种成本，所得利润基地占51%、农户占49%。按照一户可以管理5个大棚，每棚净利润12000元计算，一年两季，每户净利润可达6万元以上。

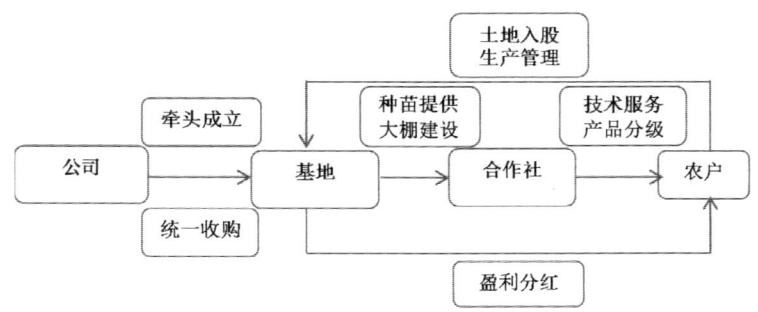

图9-2 "公司+合作社+农户+基地"种植模式

（2）"公司+合作社+农户+金融"养殖模式

产业园区积极引导农户与河南中羊牧业有限公司合作，构建了"公司+合作社+农户+金融"养殖模式（见图9-3）。通过农户自建或合作社和农户共同出资，按中羊牧业设计要求建设标准化养殖小区进行合作养殖。合作农户进驻中羊牧业养殖小区，按照公司"统一提供种羊和肉羊、统一技术服务、统一标准化养殖、统一饲草料供应、统一合同价回收羔羊和肉羊"的"五统一"模式进行规范养殖。合作期限五年为一期，根据投资主体及占比，扣除各项成本和费用，剩余为农户的利润，每个农户在合同期内年平均利润不低于7万元。截至2018年12月底，公司出栏育肥羊2.93万只，出栏种羊1.31万只，实现营业收入约7282万元，为当地农户增收约1002万元，其中带动建档立卡户增收和就业收入合计约136万元。

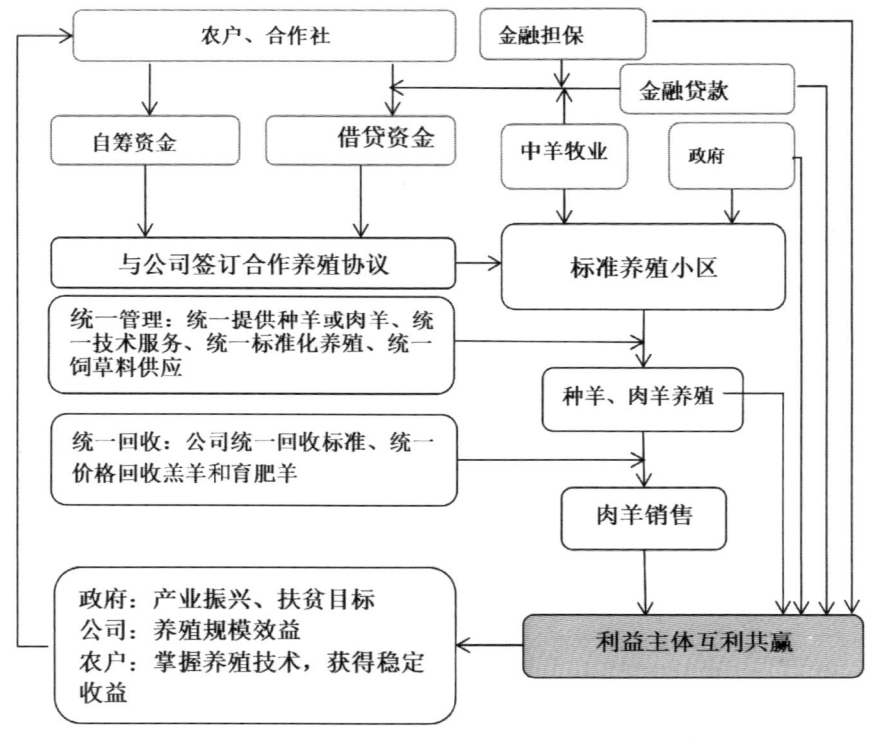

图 9-3 "公司 + 合作社 + 农户 + 金融"养殖模式

9.5.2.2 农副产品加工环节利益联结机制

现代农业产业园的加工企业通过订单合同与农户进行联结，不仅带动了园区内农户的就业，也通过生产加工延伸了瓜菜的产业链，提高了瓜菜的附加值。产业园区内以河南五农好食品有限公司、河南鑫合食品有限公司、河南润野食品有限公司等企业为龙头，通过与种植户签订收购合同，收购农户的二级果蔬进入加工环节，制成蜜瓜干、蜜瓜罐头和蜜瓜饼等休闲食品，提高其附加值；三级果蔬进行发酵酿醋或者加工成果汁，大幅提升了瓜菜的附加值。在提高种植户收益的同时，也使资源得到了最大化的利用，与农户形成了"利益共享、风险共担、互惠互利、共同发展"的利益联结机制。

9.5.2.3 农副产品流通环节利益联结机制

在专业协会和合作社的指导下，农户按照统一的分级标准，对瓜菜实行分级销售。一方面通过订单农业的方式，依托北京新发地等批发市场，设立了"兰考馆""兰考蜜瓜专卖区"，把一级果蔬销往北京、南方市场和大型商超。兰考县新农贸批发市场，为兰考县特色农产品集散提供了更加广阔的空间。另一方面通过兰考县电商服务中心组织全县多家电商企业力推兰考瓜菜线上销售，兰美电商、中金供销、云书网等电商平台企业与农户建立合作，借助微信平台、农村淘宝、京东商城和天猫优品店等渠道实现产品快速有效的销售。

9.5.3 融资投资机制

创新园区融资投资机制，保障园区管理和运营的资金需求。鼓励民营资本参与园区建设与管理，构建多元主体参与的融资投资机制。继续深入推进普惠金融制度在园区内的改革试验。完善农户家庭"信用信息档案"，规范普惠金融授信制度，构建园区内农村信用信息系统。

创新融资主体，拓宽投资渠道。鼓励商业银行、信托担保公司以股权投资形式参与产业园建设，引导农业投资公司设立园区投资基金，鼓励保险公司探索精品瓜果产业的农业保险险种，适时引入蜜瓜期货期权上市，探索"保险+期货+订单""保险+期货"等模式。同时引导和鼓励农民以劳动力、土地等要素投入园区建设，参与园区运行，推动"资源变资产，资金变股金，农民变股东"，带动农民致富增收。

完善"政府—银行—保险—担保"分段核算、多元化的普惠金融风险分担机制，建立风险补偿金制度，吸引更多的商业银行参与园区发展建设。积极探索数字平台推广普惠金融的有效模式，采用"普惠通"APP等方式实现查账、转账、办贷款、买保险等金融服务，实现普及金融服务，惠及民生。

9.6 效益分析

9.6.1 经济效益

项目工程完成后,园区年总产值达到83亿多元,总成本65亿多元,总效益17亿多元(见表9-1)。

表 9-1 河南兰考县现代农业产业园区投入产出核算表

序号	项目名称	主要产品	年产量		单价/元	年产值/亿元	年成本/亿元	年效益/亿元
			单位	数量				
1	果蔬深加工产业集聚区	农副加工饮品、食品	吨	36500	8000	2.9	2.0	0.9
2	农副产品供销集散中心							
(1)蔬菜(温室)			吨	444400	4000	17.8	14.0	3.8
(2)果蔬鲜品			吨	490000	5000	24.5	20.0	4.5
3	果蔬产学研协同创新示范园	蜜瓜种苗	株	82000000	0.2	0.2	0.1	0.1
4	果蔬栽培示范园							
(1)蔬菜(温室)			吨	444400	3800	16.9	13.5	3.4
(2)果蔬鲜品			吨	490000	4200	20.6	16	4.6
5	年产20万吨高效复合生物肥料建设项目	有机肥	吨	200000	300	0.6	0.2	0.4
6	惠万家五农好店农村电商项目	农副加工饮品、食品	吨	2100	4000	0.1	0.1	0
合计						83.6	65.9	17.7

9.6.2　社会效益

随着园区建设的推进，高新技术和高新产品在农业生产和农副食品加工业中推广应用，这将产生较大社会效益。"湖羊蜜瓜"新品种在栽培种植中广泛应用后，每年可获增产效益近40亿元，同时当地广大农民在参与种植过程中也提高了科技素质。农副产品加工转化企业通过科技创新与升级，提高了产品的科技含量，产品销售收入可提高30%—50%，年销售收入可达到3亿元以上。园区的建设为农业增产、农民增收、工业发展、县域经济提速起到了重大作用。

9.6.3　环境生态效益

蜜瓜良种繁育和栽培种植基地、蔬菜栽培种植基地的相继建成，再加上农副产品加工链条延伸，所取得的生态环境效益十分显著。园区内植被覆盖率提高18%以上，农业生态环境明显改善并得到有效保护，呈现出林茂粮丰的美好景象。同时，农副产品加工企业对农产品的深加工和循环利用，实现了资源加工增值；畜牧养殖业的粪便经过有机发酵，生产出有机肥还田于农业，实现了废弃物再生利用，减轻了对环境的污染。通过这些举措，园区被建成环境美好、生产高效、经济发达、生活富裕的兰考国家现代农业产业园。

第 10 章　武陟县农村三产融合促进乡村产业高质量发展

10.1　区域概况

10.1.1　农业产业概况

武陟县盛产优质主粮和果蔬，是全国粮食生产先进县和省级农产品质量安全县。2022年粮食总产量达56万多吨，武陟大米、怀菊花、山药、地黄、牛膝等5个产品均被纳入全国名特优新农产品名录，31个"三品一标"农产品，55个村达到"一村一品"专业村标准。食品加工业集聚发展，发展势头强劲。电子商务蓬勃发展，生态良好。该县组织承接了第四届中国农民丰收节河南主会场活动和"陟选好物　添彩河南"丰收节河南专场直播推介活动，荣获河南省淘宝村播试点县、河南省电商扶贫先进县、河南省农产品电商十强县等称号，建成河南农商互联直播基地。

10.1.2　社会经济概况

武陟县经济发展态势良好。2021年，全县规上（规模以上）工业188家，规上食品加工企业22家，规上服务业39家，规上贸易企业34家（不含住宿餐饮4家），高新技术企业74家，省级专精特新"小巨人"企业17家，市级工程技术研究中心100家，省级工程技术研究中心41家。全县食品加工企业78家，主营业务收入38.61亿元，其中22家规上食品企业的年产值52.06亿元，主营业务收入30.49亿元。市级以上农业产业化龙头企业达43家，省级农业产业化集群4个，省级农业产业化联合体达7家，数量、规模均居全市前列。该县在2021年度河南省营商环境评价排名中比2020年前进20名，位居全省第28位，进入全省第一方阵。

10.1.3 区位交通概况

武陟县处于中原城市群和郑州都市圈核心区，位于郑州、焦作、新乡、洛阳、济源、晋城六城市辐射中心地带，位于"轨道双环、跨河八桥、高速六纵五横"为骨干的郑焦综合交通体系的核心区，是河南"米"字形高铁的重要节点，是南北物资交流、文化交流、晋煤外运的咽喉要道，是郑焦一体化的先行区及重要桥头堡，是郑州大都市圈7个新兴增长极之一。境内交通便利，公路网四通八达，郑焦晋高速、沿黄高速、焦平高速、菏宝高速和武西高速贯穿全境，郑常、新洛两条省道在县城交会。与省会郑州隔河相望，与郑州共有8条连接通道，县域距郑州直线距离仅20千米，从武陟驾车50分钟可到达郑州市区，1小时内可达新郑机场，乘坐高铁18分钟到达郑州火车站，进入郑州"一刻钟经济圈"。2017年至2018年，武陟高速往返郑州全程免费，实现了"郑州—武陟"双城生活。

10.1.4 自然资源概况

（1）地形地貌

武陟县地处豫北怀川平原，北依太行，南临黄河，地势西高东低，自西向东倾斜，与省会郑州隔河相望，是焦作市的南大门。武陟县属黄河中下游、沁河交汇地带，境内有沁河贯通，黄河境内长47千米，沁河境内长34千米。由于受黄河和沁河历史上多次改道的影响，地貌形成了岗、坡、洼地相间形态，总体上可分为河漫滩、洼地、岗地、沙丘、古黄河滩地和冲积平原六种类型。县示范园地处黄河、沁河冲积平原，沁河从园区中间穿过（长约13.37千米），沁河北为冲积平原，沁河南黄河大堤以北为易涝洼地。

（2）气候条件

武陟县处于北半球中纬度地带的季风区内，属于暖温带大陆性季风气候，雨热同季，四季分明，春旱多风、夏热多雨、秋高气爽、冬寒少雪。根据近年来的气象资料统计，年平均气温14.9℃，年平均日照时间2059.3小时，全年无霜期为180—240天，年平均风速每秒2.15米，风向冬季盛行西北偏西风，夏季多为西南偏西风。

(3) 生物资源

武陟县生物资源丰富，土地肥沃，盛产优质小麦、玉米、稻米、四大怀药、白灵菇、大葱、洋葱、黄桃、哈密瓜、葡萄等农作物，是国家地理标志产品"四大怀药"主产区，有猪、牛、鸡、鸭、鹅、鹌鹑、兔等畜禽资源，还有鲤鱼、鲢鱼、鳙鱼、虾等经济水生生物资源，其中黄河鲤鱼产量最大。

(4) 水资源

武陟县水抱城流，跨黄河、海河两大流域，境内有黄河、沁河等大小河流17条，主要排水河道有6条，主要过境河流有黄河、沁河、漭河、济河和二四区涝河。全县水资源量达1.4亿立方米，年可引黄河水约1.2亿立方米，南水北调中线工程穿境而过，中原"北岸水乡"已初具规模。武陟县示范园内水资源丰富，有沁河（长约13.37千米）、蒋沟河、三八涝河、高陶涝河、勒马河等，年平均相对湿度65.8%，地表水年过境量约1.21亿立方米，地下水资源丰富，浅层地下水约为0.16亿立方米。

(5) 林草资源

武陟县绿树成荫，是国家园林县城、全国首批创建生态文明典范城市、河南省"四好农村路"示范县、河南省林业推进生态文明建设示范县，全县林地面积达17.42万亩，城市公园绿地面积达249.48万平方米，绿化覆盖率达39.52%，有三倍体毛白杨、泡桐等用材林和桃、苹果、油桃、葡萄等经济林。

(6) 土地资源

武陟县耕地面积47140.01公顷，种植园用地1612.81公顷，林地6245.42公顷，城镇村及工矿用地16241.02公顷，交通运输用地2505.72公顷，水域及水利设施用地4004.5公顷，其他土地865.49公顷。土壤种类分为2个土类，3个亚类，10个土属，48个土种，主要为潮土类，其占总面积的84.1%，是主要的耕作土壤。

10.2 农村三产融合示范园概况

10.2.1 建设背景

（1）国家对农村产业融合发展的顶层设计持续完善

2015年，国务院办公厅发布《关于推进农村一二三产业融合发展的指导意见》，首次明确支持农村一、二、三产业融合发展，要求各地主动适应经济发展新常态，用工业理念发展农业，以市场需求为导向，以完善利益联结机制为核心，以制度、技术和商业模式创新为动力，以新型城镇化为依托，推进农业供给侧结构性改革，着力构建农业与二、三产业交叉融合的现代产业体系。自2017年国家启动农村产业融合发展示范园创建工作以来，全国共开展三批示范园创建工作，共创建374家，认定300家。

近年来，中央一号文件多次明确支持推动农村一、二、三产业融合发展。2020年中央一号文件《中共中央 国务院关于抓好"三农"领域重点工作确保如期实现全面小康的意见》提出：支持各地立足资源优势打造各具特色的农业全产业链，建立健全农民分享产业链增值收益机制，形成有竞争力的产业集群，推动农村一、二、三产业融合发展；加快建设国家、省、市、县现代农业产业园，支持农村产业融合发展示范园建设。2021年中央一号文件《中共中央 国务院关于全面推进乡村振兴加快农业农村现代化的意见》明确提出：构建现代乡村产业体系，推进农村一、二、三产业融合发展示范园和科技示范园建设，把农业现代化示范区作为推进农业现代化的重要抓手，围绕提高农业产业体系、生产体系、经营体系现代化水平，形成梯次推进农业现代化的格局。同年，自然资源部、国家发展改革委、农业农村部等有关部门联合出台《关于保障和规范农村一二三产业融合发展用地的通知》，对农村一、二、三产业融合发展用地范围进行明确界定。2022年中央一号文件《中共中央 国务院关于做好2022年全面推进乡村振兴重点工作的意见》明确提出：全力抓好粮食生产和重要农产品供给；持续推进农村一、二、三产业融合发展，鼓励各地拓展农业多种功能、挖掘乡村多元价值，重点发展农产品加工、乡村休闲旅游、农村电商等产业；支持农业大县聚焦农产品加工业；继续支持创建一批国家农村产业融合发展示范园；加快落实保障和规范农村一、二、三产业融合发展用地政策。

（2）河南省焦作市持续支持农村产业融合发展

历年来，河南省委、省政府积极落实国家相关政策，有效探索农业农村现代化，大力支持各地农村一、二、三产业融合发展。2022年，河南省委、省政府印发《关于做好二〇二二年全面推进乡村振兴重点工作的实施意见》，明确提出推进农村一、二、三产业融合发展；拓展农业多种功能，挖掘乡村多元价值，打造"一县一业""一镇一特""一村一品"；积极创建一批国家农村产业融合发展示范园，加快落实保障和规范农村一、二、三产业融合发展用地政策。《国家发展改革委关于印发中原城市群发展规划的通知》、《郑州大都市区空间规划（2018—2035年）》（豫办〔2019〕6号）、《郑焦一体化发展规划（2020—2035年）》等文件的出台，为郑焦一体化发展、焦作市区域发展、农业产业链延伸和多业态融合提供了巨大机遇。

近年来，焦作市紧抓国家和河南省政策东风，出台《焦作市乡村振兴战略规划》、《焦作市人民政府办公室关于印发支持返乡下乡人员创业创新促进农村一二三产业融合发展实施方案的通知》（焦政办〔2017〕77号）、《焦作市人民政府关于印发〈促进乡村产业振兴的指导意见〉的通知》（焦政〔2020〕8号）、《中共焦作市委 焦作市人民政府关于做好2022年全面推进乡村振兴重点工作的实施意见》等文件，均明确了乡村产业振兴方向，大力支持与促进农村产业融合发展。

（3）武陟县对农村产业融合发展的优势持续厚植

武陟县农业基础扎实、发展特色凸显。武陟县位于黄河、沁河冲积平原，属暖温带大陆性季风气候，盛产优质主粮和果蔬，打造了万亩优质小麦、万亩怀药、万亩绿色稻米、千亩梨园、千亩核桃园等基地，是全国粮食生产先进县和省级农产品质量安全县，是郑州都市圈重要的绿色蔬菜、食用菌等供应基地，是全国绿色食品原料（小麦、玉米）标准化生产基地，是国家地理标志"四大怀药"道地药材的主产区。武陟大米、怀菊花、山药、地黄、牛膝等5个产品均被纳入全国名特优新农产品名录，其中地标品牌"武陟大米"是河南省唯一入驻国家大米博物馆的农业品牌,是进出新郑机场航班的航空食品。

武陟食品加工业平台支撑有力、现代化水平持续提升。武陟拥有全省优秀产业集聚区、省级二星级产业集聚区、省级经济技术开发区,入驻企业421家。全县有国家级农业产业化龙头企业3家、省级和市级农业产业化龙头企业43家、省级农业产业化集群4个、省级农业产业强镇1个,"河南怀药产业集群"和"河南强筋小麦产业集群"被评为2021年国家级优势特色产业集群。全县食品加工行业品类丰富,形成了涵盖精制面粉、方便休闲食品、速冻食品、油茶、肉类、蛋食品、四大怀药系列食品、酒类及饮料等门类齐全的食品加工业体系。

武陟县乡村全面振兴深入推进,成效显著。武陟县城乡融合不断深入,产城融合成效显著,农村产业融合发展的基础持续强化、优势不断凸显。农村公共基础设施服务水平不断提升,荣获全省"四好农村路"示范县。实施镇村"三变改革",全县347个村全部挂牌成立农村集体经济股份合作社。同时,深化农村土地改革,每年完成拆旧复垦验收耕地1000亩以上,在农村集体经营性建设用地入市交易方面探索出一条可推广之路。已实现城乡环卫一体化全覆盖,被评为农村生活垃圾分类和资源化利用省级示范县。电子商务快速增长,荣获"国家电子商务进农村综合示范县"称号。此外,全域旅游加快推进,A级旅游景区、乡村旅游特色村建设成效显著,城镇化率显著提高。

10.2.2 建设意义

(1)有利于延伸农业产业链,提升全链条竞争力

示范园建设有助于在全县乃至焦作市范围内充分整合农业产业上、下游资源,把特色种养业、食品加工业和文化旅游业资源基础转化为产品优势、市场优势和竞争优势,促使农产品实现市场化、标准化、产业化、国际化、品牌化,促进现代农业发展。同时,园区建设有利于提高农副产品及畜禽产品加工的转化率和附加值,补齐加工、流通、销售等短板,增加农副产品的有效供给,扩大农业产业链增值空间,激发农业产业链、价值链的重构和功能升级,促进农业提质增效,提升农业产业链整体竞争力。

（2）有利于拓展农业多功能，推动农村多业态复合

重点拓展农业多功能性，建设集"特色种养+涉农加工+休闲文旅+综合商贸"等为一体的武陟县农村产业融合发展示范园，推进特色种养与涉农加工、电商物流、休闲文旅、思政研学、综合商贸、新基建、数字产业等多产业多业态深度融合，为大众提供特色、名优、绿色、安全、健康的农副产品，提供休闲观光、农事体验、健康养生、文化研学、思政教育等功能服务，增强农村产业可持续性和竞争力，进一步满足广大人民的多样化需求，激活农村复合业态和经济新增长点。

（3）有利于健全利益联结机制，实现强农惠农富农

积极培育村集体、龙头企业、合作社、家庭农场、农户、商贸流通企业等多元化产业融合主体，充分发挥各主体在农村产业融合中的示范带头作用，鼓励多元主体采取"订单收购+分红""土地流转+优先雇用+社会保障""农民入股+保底收益+按股分红"等多种利益联结方式，健全利益共享、风险共担、互惠互利的长效联农带农机制，将农民过去较松散的生产种养、农产品购销、劳务雇佣、土地流转转变为更为紧密的利益联合体，促进农民持续增收，助力乡村全面振兴。

（4）有利于强化新型基础设施支撑，助力农业农村现代化发展

示范园将大力推进新型基础设施建设，利用5G、大数据、物联网、区块链、人工智能、移动互联网等信息技术赋能乡村治理、农村产业发展、园区经营管理等，打造智慧农业、数字乡村治理、智慧园区等试点和样板，发挥新基建和现代信息技术在推动乡村数字产业发展、农业提质增效、传统产业转型升级、乡村治理、乡村全面振兴等方面的重要作用，健全农村现代化新型基础设施体系，探索形成全产业链数字化管理模式和数字乡村建设"武陟模式"，弥合城乡数字鸿沟，促进农业农村现代化发展。

（5）有利于改善农村生产、生活、生态环境，促进黄河流域高质量发展

示范园把新技术、新理念和新思路渗透到农业产业中，合理规划建设和升级改造灌溉、排涝、道路、电力、绿化、消防、垃圾处理、污水处理、畜禽粪污处理及资源化利用等基础设施，推广使用农业循环生态模式，建立资源节约型、环

境友好型农业产业体系，统筹推进生态环境保护和治理，提高农业资源利用率和农业整体效益，做大做强农村主导产业，助力农村产业向规模化、集约化、标准化和品牌化等高质量方向发展。

（6）有利于深化农业供给侧结构性改革，激发乡村全面振兴新动能

示范园建设将按照企业主导、政府支持、社会参与、市场运作的原则，完善农村产业融合投融资体制机制，有利于进一步优化产业发展环境，吸引相关政策、资金、技术、生产要素和市场主体进入农业生产领域。鼓励和引导农村集体经济组织挖掘集体土地、房屋、设施等资源和资产潜力，依法通过股份制、合作制、股份合作制、租赁等形式，积极参与到产业融合发展中，破解产业融合发展瓶颈。通过不同农村产业之间的技术融合、功能融合和价值整合，进一步推进农业供给侧结构性改革，催生新业态和新经济增长点，激发产业融合发展活力，激活农村发展和乡村全面振兴新动能。

（7）有利于推动区域协调发展，探索共同富裕县域路径

武陟县东西部区域和沁河南北岸乡镇间发展不平衡，通过示范园建设，有利于充分发挥武陟县资源禀赋、交通区位和一、二、三产业优势，融合园区内小董乡（农业大乡）和西陶镇（食品工业强镇）的特色种养业、食品加工业和休闲文旅业等多产业特色，在充分保障粮食安全和农副产品质量安全的基础上探索县域区域协调发展模式，有助于补齐农村产业发展短板，带动武陟县农业提质增效和食品产业转型升级，助力沁南、沁北区域协调联动，探索乡村全面振兴和共同富裕的县域路径。

10.2.3　建设范围

项目范围位于武陟县小董乡和西陶镇全域，涉及42个行政村。示范园东起高村，以234国道为界限；西至小董乡沁阳村；南起西陶镇小南张村，以二四区涝河为界；北至小董乡磨庄村，以勒马河—蒋沟河为界限；沁河位于两个乡镇交界处，从园区由西向东穿过。示范园园区总面积87.13平方千米，核心区用地面积5平方千米，辐射区用地面积82.13平方千米。核心区分南北核心区，南核心区位

于西陶镇的西滑封村南沿滑孟路两侧，用地面积1.5平方千米；北核心区位于小董乡的小董村、贾村、南归善村和北归善村，用地面积3.5平方千米。辐射区是除了核心区以外的小董乡和西陶镇全域。

10.2.4 总体思路

以习近平新时代中国特色社会主义思想为指导，认真落实党中央、国务院决策部署，牢固树立和贯彻创新、协调、绿色、开放、共享的新发展理念，以深入推进农业供给侧结构性改革和加快培育农村发展新动能为主线，以小董—西陶农村产业融合发展示范园建设为抓手，统筹人、产、乡三大要素，优化产业、规模、空间三大结构，提升生产、生活、生态三大布局，激发政府、企业、社会三大主体，聚焦种养产业及加工产业，以完善利益联结机制为核心，以要素集聚和模式创新为动力，延伸农业产业链、提升农业价值链和拓展农业功能链，推进农业生产与加工、流通、电商、旅游、教育、文化、康养等多产业多业态深度融合，打造集种植、养殖、农副产品加工、生态农业、产地交易、文旅康养、思政研学等为一体的农村产业融合发展示范园，探索并总结适合武陟乃至河南地区的农村产业融合发展模式，促进产业转型、产品创新、品质提升，促进农业增效、农民增收、农村繁荣，确保武陟县扎实迈向共同富裕。

10.2.5 功能定位

（1）黄河、沁河流域生态保护和现代农村产业高质量发展模式探索试验田

武陟县地处黄河、沁河冲积平原，示范园创建把提升生态环境质量作为第一要务，强化资源保护性利用，实现自然、资本扩容增值，增加生态资产，减少生态负债，提升生态品质，同时，充分发挥沿黄河、沁河生态资源比较优势，提升示范园人居环境质量；加快技术的创新引进、集成配套、试验示范、转化推广，以先进技术、先进设施、先进工业装备和产品提升主导产业现代化水平，以先进的经营模式和管理方法经营管理配套产业，推动示范园传统产业转型升级，提升优势产业核心竞争力，进而增加农民收入、提振乡村产业经济、增强人民幸福指数，擘画"水清、树绿、景怡、产兴、人富"相映成趣的发展图谱，以创新、协

调、绿色、开放、共享的发展之路，率先建设成黄河、沁河流域生态保护和现代农村产业高质量发展模式探索试验田。

（2）河南乡村全面振兴示范带动"领头雁"

示范园建设坚持产业经济生态化、生态经济产业化，将生态环境进一步优化，使广大居民安居乐业；通过提升主导产业现代化水平，加快涉农工业和商贸物流服务业的发展和集聚，积极吸纳农村剩余劳动力就业，招引更多优秀人才汇集示范园创新创业，实现示范园产业振兴、人才振兴；通过不断完善乡村基础设施建设，推动"三变"政策落地见效，使资源变股权、资金变股金、农民变股民，采用多种模式提升乡村集体经济发展水平、促进农民持续增收，以此强化基层组织引领作用，实现组织振兴；最终，示范园农村经济繁荣、农业资源高效循环利用、农民高度组织化，经济发展与社会发展同步推进，成为河南乡村全面振兴示范带动"领头雁"。

（3）豫西北农村三产融合样板区

武陟县地处河南省西北，北靠太行、南临黄河，沁河穿境而过，是焦作市南大门，又与省会郑州一桥相连，先天的地理资源使示范园三产融合有力，可谓"天时地利"。通过示范园创建，将汇集更多的人力、资金、科技、政策等要素，通过土地集约化经营、全产业工业化设备装备、新零售新业态培育、外部资源的强力介入，乡村一、二、三产业得以深度融合，将改变原有产业生产结构，全要素生产率得以明显提升，进而形成特色种养（优质小麦、特色果蔬、四大怀药、特色养殖等）、涉农加工、休闲文旅、综合商贸等多产业多业态深度融合，集"研发育种＋基地种养＋涉农加工＋休闲文旅＋综合商贸"于一体的农村产业融合发展示范园，成为豫西北农村三产融合样板区。

（4）郑州大都市圈健康食品供应商

示范园建设按照优质高效农业、生态循环农业等现代绿色农业发展理念，立足郑州大都市圈消费群体，坚持"稳固主导产业、优化配套产业、生产健康食品"方向，在高标准规划和高标准建设的基础上，科学布局、合理分工和标准化生产，体现前瞻性和技术先进性，发挥武陟县农业产业优势和特色，同时融合和渗透武陡浓厚的历史文化元素，通过大力建设"三品一标"生产基地和产品认定、强化食品安全监管检测和休闲农业观光旅游产业发展，使"绿色、健康、安全"植入更多城市消费者内心，进而提升示范园产品的形象和文化品位，将示范园建设成为郑州大都市圈健康食品供应商。

（5）焦作市乡村新型经营主体和创业创新孵化园

示范园建设以现代化的主导产业为基础，鼓励引导家庭农场、农民合作社、农业产业化龙头企业等新型经营主体，重点通过集中流转、股份合作、订单生产等形式入驻示范园进行创业创新，发展多种形式的适度规模经营，开展农民专业生产与经营管理技能培训，搭建返乡下乡人员创业孵化平台，加快培育新型经营主体，打造焦作市乡村新型经营主体和创业创新孵化园。

10.2.6　总体目标

项目期结束，在武陟县西部的小董乡和西陶镇建成以"产业链延伸型"为重点、以"多业态复合型"为补充的武陟县国家农村产业融合发展示范园，在示范区初步形成农村产业融合发展、利益联结紧密、配套服务完善、组织管理高效、示范带动作用明显的农村产业融合发展态势。将示范园创建典型经验、做法和成果辐射应用到武陟县大虹桥乡、三阳乡、北郭乡和大封镇等示范区周边乡镇，探索总结集"研发育种＋基地种养＋涉农加工＋休闲文旅＋综合商贸"于一体的农村产业融合发展的"武陟模式"。

10.3　农村三产融合示范园优劣势分析

10.3.1　优势分析

（1）地方政府重视，为农村产业融合提供了政策保障

为贯彻落实国家、省、市关于示范园建设的重要指示精神，武陟县委、县政府及示范园所在的小董乡和西陶镇高度重视示范园创建和农村产业融合发展工作，将示范园创建列为县政府工作报告和年度经济工作重点任务，多次召开领导班子协调会和乡镇动员会，统筹多方资源，提前谋划、认真研究、统筹部署、合

理布局，会同多方专家团队对创建思路、重点任务、相关举措进行了深入研究，有思路、有计划、有步骤、有方式地强力推动产业融合和示范园区创建工作。武陟县专门成立武陟县国家农村产业融合发展领导小组，明确了示范园创建工作的重点任务及责任分工，陆续出台了人才、金融、土地、产业发展、电商物流、绿色发展等相关政策，对示范园发展给予充分政策扶持。

（2）区位交通优越，为区域协调发展提供了基础支撑

武陟县区位优势凸显，位于中原城市群和"轨道双环、跨河八桥、高速六纵五横"为骨干的郑焦综合交通体系的核心区，是河南"米"字形高铁的重要节点，是郑州大都市圈的新兴增长极和郑焦深度融合重要节点城市。示范园交通位置优越，对外交通便利，拥有"三纵五横"交通体系，到郑州新郑国际机场仅一个半小时车程，两个半小时可到达省内主要城市，位于郑州、焦作、洛阳、新乡、济源、晋城六市"一小时经济圈"中心辐射地带。园区处于郑焦功能联系廊，是支撑郑州都市圈未来重要的发展战略空间，承接郑州市中心城区产业和功能外溢的新兴增长中心，同时也是支撑都市圈发展的两个区域性物流基地之一。

（3）种养业初具规模，为农业产业链延伸提供了扎实基础

示范园地处黄河中下游，土壤肥沃、四季分明、气候温润，水资源和农业资源丰富，种养基础坚实，是优质小麦、白灵菇和四大怀药等原产地。园区共有温室大棚179座、合作社家庭农场15家，园内四大怀药、食用菌（白灵菇为主）、优质蔬菜（大葱、洋葱为主）、特色林果（黄桃、哈密瓜、草莓等）等特色产业已初具规模。园区内四大怀药种植规模优势突出，是国家地理标志产品"四大怀药"主产区，每年购销加工地黄达到3万多吨，占全国地黄加工总量的60%，并且有武陟县唯一四大怀药科学研究所（武陟县沁怀四大怀药研究所，负责怀药精选和培育）。园内共有各类畜禽养殖场（户）459家，其中规模以上达74家，肉兔、蛋鸡、育肥羊、鹌鹑等特色畜禽养殖业初具规模，并呈现集聚效应。

（4）加工业集群凸显，为农业价值链提升奠定了集聚效应

示范园内农副产品加工（小麦加工、果蔬加工、四大怀药加工等）、屠宰和肉制品加工业较突出，集群效应凸显、产品多样、经营效益较好。示范园内涉农

食品加工企业约30家，聚集了国家、省级、市级农业产业化龙头企业10家（有7家年产值均在1亿元以上，均为农副产品及肉制品加工企业），生产产品有面粉、方便面、果蔬罐头、肉肠和速冻食品、休闲食品、怀药食品等，诞生了一批代表性的国家、省级、市级龙头企业和合作社。

（5）文旅业底蕴深厚，为农文旅深度融合注入了发展动能

示范园所在乡镇文旅业底蕴深厚、资源丰富，经历千年文化传承，德孝文化、红色文化、中医药文化、农耕文化、关公忠义文化、节庆文化、陶文化、贾村芝麻糖文化（大糖会）等文化积淀深厚，有"董永故里、德孝之乡"之称。园区地处黄河、沁河冲积平原，水系发达，生态环境优美，旅游资源类型丰富，拥有水域风光、地文景观、生物景观、遗址遗迹、建筑与设施、旅游商品和人文活动七大资源主类。园区有国家级非物质文化遗产2项、河南省非物质文化遗产4项、河南省文物保护单位2处、河南省乡村旅游特色村2个、焦作市非物质文化遗产2项、武陟县文物保护单位5处、武陟县文物保护点3处和休闲文旅点7处。园区所在乡镇被授予"全国文明村镇""中国美丽休闲乡村""国家卫生乡镇""河南省乡村旅游特色村""河南省生态镇""河南省美丽小镇""焦作市园林单位""焦作市农村科普示范基地""焦作市红色资源旅游访问点""焦作市中共党史教育基地"等称号。

（6）利益联结较紧密，为多方共赢提供了有效路径

示范园内龙头企业已通过"龙头企业＋合作社/合作联社＋农户""公司＋基地＋农户"等模式与园内合作社和农户建立利益联结，签订种植、收购、初深加工、就业、运输、仓储等合作协议，与农户初步结成风险共担、利益共享的利益共同体，为农户做好产前、产中和产后服务。

（7）带动效应初显，为联农惠农探索了有力实践

示范园内新型经营主体带动人数庞大，带动成效凸显。园内农民就业和增收的主要途径为特色种养业和食品加工业，第一产业从业人员2.26万人，第二产业从业人员1.2万人，第三产业从业人员1.84万人。园区龙头企业和主要示范合作社直接带动农户16742人，园区企业带动部分农民分红超过利润15%，平均带动农

民年增收2100元。

（8）基础配套较完备，为产业发展提供了重要支撑

基础设施方面，园区水系发达，机井配套设施完备，已实现核心区域农灌全覆盖，路网、电网、5G通信全覆盖，各项基础设施基本完备。产业配套方面，园区土地、规划、环评等手续齐全，无大棚房问题，建设了共享冷链中心、冷库仓储中心、智能信息中心及电商分拨中心等，龙头企业均有自检中心。拥有被省科技厅授予的"河南省小麦营养搭配工程技术中心"研发大楼一座，占地面积两千多平方米，内设有面粉转化、配比、方便食品、调味料研发与制作等研发科室，具有较强的自主研发能力和产业化开发应用能力。有润泽粮油储备购销有限公司，主要从事粮食的储备和购销工作，占地300亩，拥有8个小麦仓储库，每个仓储库容量8500吨，可一次性存储小麦6.8万吨以上。品牌建设方面，园区电商销售额达5.8亿元，有国家地理标志产品"四大怀药"，"三品一标"产品5个，国家级驰名商标1个（斯美特），驰名品牌15个，建立农产品质量安全追溯管理体系13套。园区内龙头企业多次被授予"河南省食品行业十大领军品牌"，被国家市场监督管理总局授予"守合同重信用"企业，获得"中国国际农产品交易会畅销产品奖""河南省著名商标""河南省名产品""河南省方便面十强企业"等荣誉。

10.3.2　限制因素分析

（1）现代化生产水平有待提高

示范园农村产业从种植到加工已初具规模，但从事种植、养殖的主体以农户为主，标准化及组织化程度较低，部分种植、养殖基地和主体的规模化、标准化、信息化、品牌化程度仍有待进一步提升，与现代化智慧农业的目标仍存在一定差距。

（2）产业延伸和融合有待加强

示范园农村产业主要集中在种养和初加工环节，链条延伸和业态融合不足，还需要结合示范园区文旅、区位、产业等优势，充分发挥龙头企业的示范带头作用，进一步实现特色种养业与涉农加工、休闲文旅、新基建、综合商贸等多业态

深度融合，进一步提升农业价值链、拓展农业功能链。

（3）综合服务体系有待完善

虽然示范园配套有道路、水、电、通信等基本设施，但支撑产业深度融合发展的桥梁道路等交通基础设施，冷链物流、电商服务、创业就业、金融服务、科技服务等综合商贸服务设施，办公、商业、休闲等公共配套设施还不够完善，智慧农业、智慧园区、数字治理、智慧电商等设施亟待加强，配套的新基建和信息服务系统仍存在短板。

（4）专业人才队伍亟须壮大

当前示范园创建所需的生产、管理、加工、文旅、营销、物流、信息等领域专业技术人员较为缺乏，辖区人才队伍的能力和综合素质普遍较低。园区人才队伍建设迫切需要多方引智引才，可以加强与科研院校开展多途径的产学研合作，聘请相关专家、博士、教授为技术顾问，为示范园创建和项目实施提供咨询、指导、培训、成果转化等服务。

（5）品牌竞争力、影响力有待提升

虽然示范园内有多家国家、省、市级农业产业龙头企业，5项"三品一标"，1项国家级商标，但缺乏统一规范管理，缺乏在全省、全国范围内叫得响的"吸睛"品牌，仍需申请认证一批"三品一标"和打造"一村一品"，品牌整体竞争力有待进一步提升。另外，园区新型经营主体利用信息技术、新媒体、直播等方式开展线上营销推广的能力有待提高，急需转型升级，开展线上、线下双渠道营销，进一步拓宽销路，提高品牌影响力。

10.4 农村三产融合示范园促进共同致富的实现路径

10.4.1 总体布局

结合示范园产业基础、资源特点、区位优势等，统筹考虑园区生产、生活和生态，确定示范园"一带两翼三区多基地"的空间布局。

一带：指以沁河为纽带。

两翼：北翼是指沁河北岸的小董乡全域，重点建设一产和配套商贸业，含优质种植业、特色养殖业和综合商贸等；南翼是指沁河南岸的西陶镇全域，重点建设二产，含小麦加工、四大怀药加工、果蔬加工、屠宰及肉制品加工等。

三区：指示范园北部的特色种养与综合商贸区，中部的休闲文旅区，南部的农副产品与肉制品加工集聚区。

多基地：指园内多个重点建设基地，分为三类。第一类为特色种养基地，包含优质小麦种植基地、特色蔬菜种植基地、特色水果种植基地、四大怀药种植基地、特色养殖基地等；第二类为涉农加工基地，包含农副产品加工基地、屠宰及肉制品加工基地、地黄加工基地等；第三类为休闲文旅和综合商贸基地，包含沿沁河两岸的休闲观光旅游基地、农文旅研学基地、综合商贸服务基地等。

10.4.2 特色高效农业

10.4.2.1 特色种植

以董永林果产业小镇400余亩果园为依托，以点带线不断巩固和扩大董永大道沿线水果（黄桃、蟠桃、草莓、葡萄、石榴等）种植规模，打造董永大道沿线特色水果种植基地，推进基地规模化、标准化和信息化建设。此外，有序发展大棚蔬菜种植，建设有机、绿色、智能化的大棚蔬菜种植基地，并应用物联网智能设施设备提高设施农业信息化和现代化管理水平；积极引进珍稀食用菌新品种，建立智能物联网系统和质量追溯系统，推进食用菌规模化、集约化和智能化发展；加强四大怀药种植，引进四大怀药，尤其是地黄的集约、高效、绿色种植技术，采取多种方式积极规划流转耕地，建设标准化、集约化和生态化的怀药种植基地，不断提高四大怀药种植单产和品质。

10.4.2.2 特色养殖

依托示范园特色养殖基础和畜禽加工优势，发展壮大蛋鸡（磨庄村为主）、肉兔和宠物兔（乔庄村为主）、育肥羊（朱村为主）、鹌鹑（渠下村为主）等特色养殖合作社，完善相关配套设施，推广集约化和绿色养殖技术，提高养殖场土地集约化利用程度，打造智慧养殖基地，推进畜禽养殖逐步向规模化、标准化、集约化、智能化、生态化和品牌化转型升级。

10.4.3 农产品加工业

10.4.3.1 种植类农产品加工

推进优质小麦种植加工融合发展，开展订单种植、定向收购、运输仓储、产品研发、加工、销售等产业链上下游合作，建立多种形式紧密的利益联结机制，让农户有动力和有保障地种植优质小麦，提升小麦种植加工的比较效益和抗风险能力。推进优质果蔬和食用菌种植加工融合发展，鼓励龙头企业与合作社、种植大户签订订单种植和供销协议，加快引进保鲜、萃取、脱水、冻干、冷冻等工艺，提升初加工和深加工水平，开发满足下游客户"精、细、特"果蔬加工产品需求，提高蔬菜产业附加值。推进怀药种植加工融合发展，加大开发培育适合市场需求的四大怀药名优产品、优质中药材和休闲食品。

10.4.3.2 屠宰及肉制品加工

充分利用屠宰及肉制品加工龙头企业的品牌和技术优势，共建畜禽养殖加工基地，支持畜禽加工企业与养殖合作社、家庭农场、农户等开展技术指导、订单养殖、屠宰冷冻、加工销售等合作，研发营养、健康的畜禽加工产品和休闲食品，推动蛋鸡、肉兔、育肥羊、鹌鹑等特色养殖进一步屠宰、加工和销售，打造集特色养殖、屠宰、加工、物流、销售为一体的产业链条，推进畜禽养殖、屠宰及肉制品工业融合发展，带动畜禽产业向规模化、标准化、信息化和品牌化方向发展。

10.4.4 商贸服务业

10.4.4.1 休闲文旅业

建设以沁河滩区为核心的休闲观光旅游基地和农文旅研学基地。以沁河大堤为主要廊道载体，依托沁河沿岸的小董村、西滑封村及周边区域的生态、农业、文化和旅游业资源基础，发掘董永德孝文化、红色文化、西滑封精神文化、农耕文化、中医药文化、关公文化、节庆文化、陶文化、贾村芝麻糖文化等文化资源，设计沁河观光游、休闲农业游、美丽乡村游、食品研学游、文化教育游、红色思政游、民俗体验游等精品文旅线路，形成示范园中部农文旅融合示范带，助力建设黄河、沁河文化旅游名城和郑焦文旅融合首位节点城市。

10.4.4.2 农产品电商

积极引进专业电商企业、培育电商人才，发挥电商企业的示范带动作用，鼓励经营主体和农户积极开展电商、直播和新媒体营销等业务。推广应用商超对接、农场直供、消费者定制、线上线下新零售、单位团购、社区支持农业等新型电商模式，积极组织预售、团购、促销等活动，拓宽农副产品销售渠道，让示范园名特优产品销售更多、渠道更广、品牌更响。

10.5 营运分析

10.5.1 建设管理

健全政府引导与市场主导相结合的产业组织体系，充分发挥好政府、企业、合作社、农户及社会组织等多元主体的作用。政府作为示范园创建主体，重点负责政策引导和规划引领，成立武陟县国家农村产业融合发展示范园创建领导小组，承担创建申报、组织引导、领导协调、考核监管等职责，制定有利于示范园发展的政策、资金、人才等政策，积极协调各方群体利益关系，在新型经营主体与农户间搭建桥梁，营造有利于示范园发展的外部环境。积极为新型经营主体创业提供"一站式""一条龙"的快捷服务，建立完善重点项目联系制度，全面引导并服务项目落户发展。企业、村集体组织、农民合作社、合作联社等各类经营主体作为示范园项目实施主体及直接经营者，充分发挥在产业链发展中的示范带头作用，与农民建立多样化且稳定的利益联结机制，提高对农户的辐射带动能力，实现产业集约化、规范化生产经营，促使村集体经济受益和农民增收，实现农户与企业合作共赢。农民作为直接参与者，通过土地流转、规模经营、资源入股、签订订单、统一销售、分红、创业就业等方式，实现收益再分配，最终实现增收。健全面向小农户的社会化服务体系，加快推进农业生产托管服务，加快无人机、农业大数据、物联网、移动互联网、人工智能等现代化技术向小农户种植、养殖端覆盖。

10.5.2 利益联结机制

构建"订单收购+分红""农民入股+保底收益+按股分红""土地流转+优先雇用+社会保障"及农民参股持股等多种利益联结机制，创新"龙头企业+合作社+农户"和"龙头企业+基地+农户"等农业产业链模式，完善"双绑"联结机制，促进新型农业经营主体与农户之间形成分工明确、优势互补、风险共担、利益共享的共同体，分享不同环节、不同类型的产业利益。强化龙头企业"联农带农"的激励机制，鼓励龙头企业通过直接投资、参股经营、签订长期供销合同等方式建设标准化、规模化原料生产基地，大力支持其通过订单收购、保底分红、二次返利、股份合作、流转聘用、服务协作、吸纳就业、村企对接等多种形式与合作社、家庭农场和农户密切合作。支持合作社、家庭农场、农户利用土地承包经营权、技术、机械、资金、劳动力等要素入股龙头企业，共享二次分配。鼓励电商公司创新构建"电商公司+新型经营主体+农户"的利益联结模式，共建智慧产业链，让农户享受更多产业增值收益（见表10-1）。

表 10-1 农户收入分配来源

收入形式	收入依托	模式选择
工资性收入	稳定工作/零工岗位	薪酬发放
经营性收入	个体市场化经营	线上+线下、自主+合伙
村集体经济收入	村集体经济组织	公司+村集体经济/合作社+农户
土地流转收入	流转土地	直接流转或村集体统一发包
要素入股分红收入	资金、土地、设备、技术	保底+分红
农产品加工收入	加工企业定向收购	订单农业+统一购销

10.6 效益分析

10.6.1 经济效益

项目工程完成后，总成本66.9亿元，园区年总产值超80多亿元，总效益超十几亿元。

10.6.2 社会效益

通过示范园区建设，农村三产得到进一步融合，提升全县农业产业链竞争力；通过"特色种养+涉农加工+休闲文旅+综合商贸"三产一体化发展，将进一步拓展农业多功能，推动农村多业态复合；通过多元主体采取"订单收购+分红""土地流转+优先雇用+社会保障""农民入股+保底收益+按股分红"等多种利益联结方式，显著促进园区农民可支配收入提升；提升农村新型基础设施建设，改善农村生产、生活、生态环境，进而激发乡村全面振兴新动能。

最终，示范园建设可以补齐武陟县东、西部区域和沁河南、北岸乡镇间发展不平衡，园区内小董乡（农业大乡）和西陶镇（食品工业强镇）产业发展不平衡，以及乡镇居民和农村居民收入不平衡的短板，促进全域协调发展、共同富裕，对武陟县发展将产生较大社会效益。

10.6.3 环境生态效益

示范园区严格遵守《中华人民共和国环境保护法》和《中华人民共和国大气污染防治法》，大气环境质量符合《环境空气质量标准》（GB 3095—2012）相应标准要求。区域声环境符合《声环境质量标准》（GB 3096—2008）各功能区质量标准要求。地下水符合《地下水质量标准》（GB/T 14848—2017）相应标准要求。固体废弃物污染防治符合《一般工业固体废物贮存和填埋污染控制标准》（GB 18599—2020）及其修改单文件标准要求。

示范园建成后，将改善乡镇居民产生的生活废水和生活垃圾、养殖场产生的畜禽粪污、涉农加工企业排放的工业污水等情况，实现生活污水不含有毒、有害物质，生活垃圾统一收集至垃圾中转站，畜禽粪污经堆肥后还田使用，工业污水经过污水处理厂处理达标后排放。

第 11 章 研究结论与政策启示

11.1 研究结论

11.1.1 滩区居民迁建以政府主导为主

黄河滩区居民迁建以政府主导为主,依靠国家财政、省级和县(市、区)级财政开展居民迁建,其中外迁安置工程建设方面,河南黄河滩区居民迁建规划建设35个安置区;迁建入住方面,累计迁建入住9.1万人,钥匙发放1.1万人,分房到户8万人;拆旧复垦方面,前两批试点共40个村庄,除1个因需要拍摄红色电影尚未拆除外,其余39个已全部拆除;2017—2019年三年规划的原阳县、长垣县已迁建入住的9个村庄已完成拆旧。由于建安成本快速上涨及复垦指标的交易困难等因素,造成居民迁建放缓,建议综合考虑建安成本、生态保护、安置地及滩区农地产业发展等情况,积极利用社会融资,以市场化的方式努力探索建立多层次、多元化、多渠道的投入保障机制。

11.1.2 滩区居民对开展迁建总体认可、迁建意愿较强

2017年10月,对河南迁建县随机抽取3586户居民进行了面对面问卷调查(基本多选题样本分析)。结果表明,53.4%的居民愿意迁建,其中90%以上居民期望从农村搬到城镇或县城居住。愿意迁建居民在选择迁建原因时,认为迁建后生活方便的有55.77%,认为住房条件改善的有50.50%,认为生活会更踏实的有47.94%,认为生活环境改善的有38.96%。需要注意的是,选择不愿意迁建的占居民46.6%,仍占有较高的比例,这部分群众之所以不愿意迁建,有59.19%的人担

心迁建后生活成本会有较大提高，有54.4%的人不愿意放弃农业生产，有43.09%的人担心搬出后找不到稳定的工作，有41.95%的人害怕失去农地后没有生活保障。后续研究表明，如果能打消这些顾虑，绝大多数群众是愿意迁建的。

另外，为了解迁建户对农地处置的意愿，我们也进行了问卷调查，结果表明，49.08%的滩区群众表示如果迁建后政府能够提供稳定的非农就业门路和收入保障，可以放弃承包土地经营权。这说明，如果条件合适，大部分农户愿意流转或托管承包土地，这为我省下一步统筹滩区土地资源，进行集中连片开发利用奠定了较好的社会条件基础。

11.1.3　迁建安置模式具有区域差异性且效用最大化

河南黄河滩区居民迁建涉及9县（市、区）44个乡镇近30万人，分为第一批试点、第二批试点和2017—2019年三年规划。其中，第一批试点涉及兰考县、封丘县、范县3个县的4个乡镇14个村4676户16718人；第二批试点涉及兰考县等地；2017—2019年三年规划涉及祥符区、中牟县、范县、封丘县、长垣县、原阳县、台前县和濮阳县等8个县（市、区）。河南省滩区居民迁建与山东模式不完全相同，主要采取外迁安置一种方式，可具体分为传统村落安置、乡镇社区安置和县城社区安置三种模式。"传统村落安置模式"仍以原村民相对集中定居为主，安置房屋多为两层独家小院，距原承包地距离不是太远，大多村民仍以从事农业为主，并配套建有农机具等仓储用房，该模式主要在兰考县，涉及7449人；"乡镇社区安置模式"是在乡镇所在地通过小城镇扩建进行集中安置，安置房屋多是中高层楼房，同时安置地主要以劳动密集型产业灵活吸收就近就业人群，并利用人口的集聚发展带动就业，涉及祥符区、原阳县、封丘县、濮阳县、台前县、范县等6县（市、区）19.06万人；"县城社区安置模式"是一种城镇化安置，安置房屋属于城市商品房，以高层楼房为主。

截至2020年底，山东省居民迁建全面完成滩区居民迁建各项任务，基本解决除聊城市和德州市外剩余7市17个县（市、区）39个乡镇697个村庄60.62万滩区居民的防洪安全和安居问题。其中，"外迁安置模式"与河南类似，新建社区42个，涉及14.52万人，占总迁建人数的23.95%；"就地就近筑村台安置模式"主要采用双拼或联排等方式建设新筑村台30个，涉及菏泽市鄄城县和东明县共158个村庄3.87万户13.2万人，占总迁建人数的21.84%；"筑堤保护模式"筑堤长度达40.44千米，涉及济南市平阴县、长清区和槐荫区3个县（市、区）114个村15.97万人，占26.34%；"旧村台改造提升模式"主要是对破烂不堪、基础设施落后的104个旧村台进行改造，涉及济南市、淄博市、东营市、泰安市、滨州市、菏泽市等6个市7个县（市、区）104个村5.34万人，迁建人数占总数的8.81%；"临时撤离道路改造提升模式"参照平原微丘三级公路新建改造道路497.35千米，涉及济南市平阴县、长清区和泰安市东平县3个县（市、区）119个村11.55万人，迁建人数占总数的19.05%。

11.1.4　迁建群众生产生活条件普遍有了明显改善

为了解迁建后群众生产生活的变化，对第一批试点兰考县、范县、封丘县3个县150户已迁建农户进行了问卷调查，同时通过走访、座谈等形式于2019年、2020年对部分县已迁建农户就业和土地流转情况进行了调研。调查结果显示，各县高度重视迁建群众稳定就业和增收问题，能够结合自身情况，积极将相关工作纳入县域经济社会发展进行统筹谋划。例如，范县将安置区规划在紧靠北部濮阳市的木业园区，提供就业岗位4000多个，方便迁建群众就近就业，有效解决了迁建群众稳定就业和增收问题；长垣发挥卫材、起重等产业优势，通过对迁建群众进行定岗培训，在安置区规划建设职业装产业小镇等多种途径，实现迁建劳动力全部就业和收入的稳定增加。总的来看，外迁安置给迁建群众生产生活带来了四个方面好处。

一是多数的群众户均安置房面积达到120平方米以上，家电家具齐全占比明显上升，由迁建前的14.5%上升至40%。

二是安置区公共基础设施的配套为群众的生活提供了极大便利，特别是银行、超市、公园、幼儿园、小学、社区服务中心、卫生站、养老院等配套设施完善的比例较迁建前大幅度提升，群众对人居环境表现出较高满意度，其中63.3%

的群众认为交通更加便利，60.7%的群众认为配套设施更加完善，45.3%的群众感觉社区治安更加安全。

三是迁建后滩区群众非农就业机会增加，尤其是县城社区安置模式非农就业比例更高。

四是将安置后一些具有商业价值的资源归属村集体，实现了集体收入的明显增加。

调研也发现，外迁安置还存在一些不稳定因素。一是有较大比例群众认为随着物价上涨、城镇生活成本增加，自己的实际收入并没有明显提高。二是迁建后安置区与原有承包地距离大幅度地增加，这对仍继续经营自家承包地的迁建户造成了很大不便。三是各县新增的"产业园区＋就业""就业扶贫车间"等就业岗位普遍工资水平较低，难以吸引青壮年劳动力在当地就业，迁建的青壮年农户外出打工仍占较大比例。

11.1.5　探索出了科学有效模式

滩区居民迁建后，农事耕作发生了较大变化，原村址复垦后成为集体土地财产，如何既保护改善滩区生态，又发挥滩区资源禀赋条件，实现滩区高质量发展，使当地群众从中获取更多收益，通过对各县（市、区）滩区资源开发利用情况进行专题调研，归纳了一些好的开发利用模式和典型案例。如长垣、兰考的"规模种植模式"，即通过土地托管或流转发展规模种植，主要以粮食、牧草、果蔬生产为主；原阳县、祥符区的"水生种养模式"，主要是稻田里养虾、养蟹、养鱼；兰考县、濮阳县的"农牧结合模式"，即种草养羊、养牛等；长垣、范县的"田园综合体模式"，即依托资源禀赋条件，在发展农业生产基础上，积极开展功能拓展，发展休闲观光、农事体验等新产业、新业态。其中，以本研究编制的范县陈庄镇"荷美稻香"田园综合体模式为例，该项目总面积1.5万亩，区域内实体企业已达20家，年接待游客可达500万人次以上，实现综合收益7亿元，带动农村劳动力就业1.7万人次，带动贫困户精准脱贫600户以上，有效促进了周边旅游、民宿等行业的发展，推动了荷、稻、蟹、鳅等系列农产品的销售。

11.2 政策启示

11.2.1 对易地搬迁规划实施的政策启示

结合前期研究，从规划先行、政策保障、组织实施等方面进行顶层设计咨询。规划先行是制定黄河滩区生态保护与资源开发利用总体规划，做好顶层设计，对生态保护、资源开发、产业发展等方面做好全面科学谋划；政策保障是给予黄河滩区资源利用专项支持政策、细化黄河滩区资源开发相关法律规定和建立滩区湿地划定生态补偿制度；组织实施是形成以县、乡、村、居民代表等不同主体和发改、环保等不同部门组成的工作专班，创新责任分工机制和决策机制，同时加强与省、市政府相关部门和社会力量的联动衔接推进，以期对易地搬迁规划实施提供政策参考。

（1）规划先行

规划先行是制定黄河滩区生态保护与资源开发利用的总体规划。促进黄河滩区生态保护与资源开发利用是一个系统工程，涉及人口、资源、环境和社会发展的方方面面，必须做好深入的调查研究，综合财政部门、发改部门、农业部门、环保部门、水务管理部门，以及相关科研院所的力量，制定黄河滩区生态保护与资源开发利用总体规划，做好顶层设计，促进各方面协调健康发展。要制定出台从中央到地方的不同级别的规划，从宏观到微观，对生态保护、资源开发、产业发展等方面做好全面科学谋划，并且上下协调一致，做到下级规划服从上级规划，并使上级规划落到实处。在同级规划中，黄河滩区生态保护与资源开发利用总体规划要与水利规划、土地规划、村镇规划、乡村全面振兴规划、迁建规划做好协调，做到衔接一致，促进黄河流域生态保护和高质量发展。

（2）政策保障

一是给予黄河滩区资源利用专项支持政策。黄河滩区的资源禀赋情况、产业结构情况、居民收入情况以及经济社会的方方面面与其他地区都有较大的差异，并且黄河滩区的环境保护问题也十分重要，因此，针对黄河滩区高质量发展必须出台针对性的支持政策，从国家及省级层面要给予滩区内财政、金融、科技等方面的专项支持政策。要加大财政政策的支持力度，加大对生产基础设施建设、产业化发展的财政支持力度，在滩区新型农业经营主体承担财政支持项目上也给予倾斜。金融机构也应采取多种措施、开发多种金融产品，加大对滩区企业、家庭农场、合作社等新型农业经营主体的金融支持力度。同时，针对滩区特殊产业，如特色种植业和养殖业加大科技研发投入，示范推广相应的生产技术，推动滩区产业的健康发展。对滩区发展休闲观光、生态旅游等产业，要出台相应的环保政策，做到生态保护和产业发展协调促进。

二是细化黄河滩区资源开发相关法律规定。河南省人民政府令第182号文件《河南省黄河河道管理办法》中指出滩区居民迁建后的滩区土地可以依法进行流转，在不影响黄河行洪、滞洪、沉沙的前提下，鼓励利用滩区土地资源，促进土地规模化经营，发展生态、休闲农业。但是，并没有明确指出允许建设哪些生产设施，是否允许滩区资源在发展生态、休闲农业时建设哪些配套设施，因此，还需进一步出台细化黄河滩区资源开发相关法律条例。另外，自从黄河小浪底水利枢纽工程竣工之后，之前在丰水期有一定水量的部分滩区基本长年无水，也比较适合进行农业生产，对这些地区可尝试出台比较宽松的限制政策。需要对黄河滩区进一步勘查论证，针对不同地段的滩区重新进行科学划分，针对不同的情况出台不同的限制措施。

三是建立滩区湿地划定生态补偿制度。调研中发现，黄河部分滩区先前由滩区居民进行生产经营，自被划入湿地保护区后，这些滩区居民失去了收入来源；同时也缺乏湿地生态保护资金无法对湿地进行有效管护，因此需构建滩区湿地划定生态补偿机制。要科学测定补偿标准，既要考虑到滩区居民的直接经济损失，也要考虑到他们为生态保护所做出的生态贡献和社会贡献；既要给予他们直接的经济补偿，也要在生态保护公益性岗位招工、企业招工等方面给予倾斜。同时，对滩区居民的自主创业在财政、金融等方面给予支持和优惠。鼓励各地结合湿地生态文化探索湿地生态公园或候鸟保护区等旅游项目，以增加湿地保护区的经济效益。

（3）组织实施

滩区迁建县党委、政府是组织实施领导主体，加快形成以县、乡、村、居民代表等不同主体和发改、环保等不同部门组成的工作专班，充分发挥各主体优势，主动沟通、密切配合，创新责任分工机制和决策机制，强化规划和各项政策落实落地。同时加强与省、市政府相关部门和社会力量的衔接推进，形成上下联动、社会力量共同参与，资金、技术、政策等要素全面保障的组织实施体系。

11.2.2 对脱贫攻坚与乡村全面振兴有效衔接的政策启示

结合前期研究，从后续扶持方面进行顶层设计咨询，其目的主要是抓好旧村庄复垦和安置区产业支撑，研究处于危险区村镇的滩区居民安置方案。

（1）抓好旧村庄复垦和安置区产业支撑

针对拆旧区，土地复垦后与周边农地以土地托管、土地流转等为抓手大力推进土地集约化利用，通过税收奖励等方式强化招商引资，积极引进龙头企业开展规模化经营。发挥科研院所、高校在人才、技术等方面的优势，在滩区大力发展规模种养、水生种养、田园综合体等现代农业方式，打造具有滩区特色的农产品品牌，实现高质量发展。同时结合黄河流域生态保护要求，建设沿黄农业生态保护和高质量发展示范带，打造具有黄河特色的创新、绿色农业产业链条。针对安置区，依托镇域和县域主导产业带动迁建居民就业和三个产业发展。同时，根据迁建居民劳动力就业意愿摸底情况，制定针对就业创业、劳务输出、技能培训和公益性岗位等差异化的扶持政策，促使迁建居民稳定就业。

（2）研究处于危险区村镇的滩区居民安置方案

前述研究表明，从长期和根本上来讲，将滩区居民迁建出去，是根治水患、保障滩区居民生命安全和滩区经济社会发展的有效措施。当前，还有部分人生活在滩区高风险区，需尽快研究安置方案，对迁建地区、迁建人口数量、迁建安置地点等做出充分论证，为下一步开展迁建做足准备。同时迁建时在产业选择、资源利用、基础设施建设等方面瞄准乡村全面振兴的标准和目标进行设计，以期实现滩区居民能够弯道超车，早日分享乡村全面振兴的成果。

(3) 将滩区迁建安置区纳入乡村全面振兴先行示范区

由于黄河滩区在实现迁建的同时，为实现乡村全面振兴提供了基础前提，并且具备独特的机遇和优势，因此，各级政府下一步要将开展迁建的滩区安置区作为当地乡村全面振兴先行区，在产业选择、基础设施建设、居住环境等方面按照实现乡村全面振兴的标准和要求进行设计和规划。现阶段，黄河滩区迁建地区实现乡村全面振兴的工作思路是将乡村全面振兴战略的思想和原则，融入具体的工作计划和行动之中，做好超前谋划、组织建设和制度建设。在具体做法上，各迁建村要结合自身的条件，探索适合本地实际的有效方式，奠定迁建村乡村全面振兴的制度和物质基础。对于位于黄河堤外的水土资源富集区域的传统村落，其发展方式要秉持"绿水青山就是金山银山"的新发展理念，立足滩区水土资源丰富、农民务农经验较多的特点和优势，在积极发展村集体经济和农民合作经济的同时，探索"生态优先、绿色发展""一村一品"的生态园乡村全面振兴方式。对于具有鲜明特色的村落，应选择"三产融合发展"的生态农庄和特色小镇发展方式。县城社区安置区应该立足"三化"协调发展和城市生活现代化需求，创新村集体产权和"三变"实现机制，组建合作社、村属企业等新型集体经济，走城乡融合的乡村全面振兴之路。

11.2.3 对河南省基层乡村全面振兴长效机制的政策启示

(1) 促进农村治理体系和能力现代化

在守牢乡村稳定有序、民生持续改善的基础上，以自治增活力、以法治强保障、以德治扬正气，健全党组织领导的"三治"相得益彰的现代环境治理体系。以现代科技推进农村基层"最多跑一次"改革，强化科技对村务决策和公开、财产管理、工程项目建设、惠农政策措施落实、民事纠纷调解、移风易俗等事项的支撑，为村民提供"一门式办理""一站式服务"，促进农村治理体系和能力大提升。

(2) 加强农村基本公共产品的人性化供给

科学规划，根据五种乡村全面振兴村镇类型，因地制宜补齐农村基本公共产品供给短板，以大多数常住村民生产、生活需求为原则，以便民化、实用性、低成本性为目的，统筹规划、分期推进，切实提高资源利用率、增强群众满意度。

（3）促进县域内的城乡互通

在城乡间生产要素双向自由流动、产业协同发展平台建设、人口有序流动迁徙、统一建设用地市场形成、普惠金融服务体系构建、科技成果入乡转化、生态产品价值实现、基本公共服务均等化、城乡发展差距和居民生活水平差距缩减以及农村产权保护交易制度探索等方面，河南要走在全国前列。

（4）加强乡域内的三产融通

培育多元融合主体，支持引导农业产业化龙头企业向粮食主产地区和特色农产品优势区集聚，强化家庭农场培育，扶持形成"离农业最近、联农民最紧"农业产业化联合体，打造产业融合载体，完善利益联结机制，形成多主体参与、多要素聚集、多业态发展格局。发展多类型融合业态，跨界配置农业和现代产业要素，促进粮经饲统筹、种养加服一体、农林牧渔衔接、贸工农旅融合，实现大农业部门的"内向"融合、农业产业链条上的"顺向"和"逆向"融合、不同产业部门的"横向"融合。

（5）增进区域内的要素流通

通过深化制度改革，释放发展红利，打通新型城乡关系构建的"肠梗阻"，促进"人""地""钱""技"等要素实现区域内城乡双向流通。在"人"方面，通过优化农村生产、生活、生态环境，畅通人才发展渠道，引导城乡人口双向流动。在"地"方面，保持农村土地承包关系稳定并长久不变，健全土地经营权流转服务体系，完善盘活农村"三块地"存量资源，开展县域乡村闲置集体建设用地等土地综合整治，允许各地在乡村国土空间规划和村庄规划中预留不超过5%的建设用地机动指标，优先保障乡村产业发展、乡村建设用地，支持零星分散的乡村文旅及其他农村新产业新业态高效高质发展。在"钱"方面，建立健全土地出让收益用于农业农村比例及支付制度，完善涉农资金统筹整合长效机制，省级政府统筹发行用于现代农业设施建设和乡村建设的一般债券和专项债券，鼓励各类金融机构扶持乡村发展事业，健全农业再保险和生物资产抵押制度，探索农产品期货制度。在"技"方面，推进"藏粮于地、藏粮于技"、创新驱动发展战略，广泛开展乡村全面振兴科技支撑行动,加强农业科技社会化服务体系建设,通过现代化设备和设计理念促进生产资料、生产工具升级换代来增强生产力,通过现代理念方法创新生产经营模式来改善生产关系,提升农业农村科技进步贡献率。

11.2.4 对豫鲁黄河滩区生态保护与高质量发展的政策启示

(1)对河南先行实践的政策启示

鉴于河南省在黄河流域当中的独特地理区位,结合国家对河南发展的战略定位,就下一步河南省在加快黄河中下游滩区高质量发展先行实践方面,提出以下思考建议。

一是凝聚黄河文化核心价值,打造"中原农耕文明"生态旅游观光带。沿黄轴线"三门峡—洛阳—郑州—开封—安阳—濮阳",探寻文化遗址、历史遗迹、名人逸事、节庆艺术、乡俗民约等黄河文化,将根祖性、聚合性、包容性、圣洁性凝聚于黄河文化核心当中,对外展示为"七天七世界"——"闯一道关(函谷关)、拜一尊佛(龙门石窟)、习一天武(少林寺)、拜一次祖(黄帝故里)、游一座城(清明上河)、识一天字(甲骨文)、寻一个根(中华第一龙)",将中华文明浓缩为寻根问祖、习武学礼、武争文治、荣衰跌宕,高度连接立国之本——"农",并将农耕的千年传承,通过"中原农耕文明"生态旅游观光带打造成为黄河流域生态保护和高质量发展战略河南行动的名片。

二是以黄河支流水系修复为载体,提升河南省生态资源保护工程质量。黄河干流河南段主要支流有伊洛河、沁河、济水、金堤河等自然支流以及京杭大运河、人民胜利渠、共产主义渠等人工修筑河流,通过修复这些主要支流水系,配套景观绿化、湿地保护、资源利用管控、滩区居民迁建、产业结构调整、城乡发展空间优化等措施,突出"以水定产、以水定地、以水定城",扭转水资源粗放式利用方式为集约合理利用,遏制滥采滥用地下水、地表水行为,有效管控乡村生产生活地下水采取行为,提升河南省生态资源保护工程质量。

三是构建黄河"北岸"现代农业产业体系,以"藏粮于地、藏粮于技"确保粮食安全底盘稳固。河南省粮食产量约占全国的10%;省内黄河北岸的安阳市、鹤壁市、新乡市、焦作市、濮阳市、济源市等6市区耕地面积约占全省的16%，粮食产量约占全省的23%。虽然这6市区粮食产量不及豫南地区，但是其中的新乡市、焦作市、濮阳市、济源市与郑州市仅一河之隔，未来郑州国际大都市地位的打造，需要坚实物质保障。同时，随着郑州大都市区空间规划外延，各地区均衡发展，必须改变传统的农业产业发展模式，要以先进科学技术为支撑，以科学管理模式和精细经营方式构建现代农业产业体系，以坐落于黄河"北岸"中心地段——平原城乡一体化示范区的国家生物育种中心为核心，通过集中布局现代农业产业园区、农业绿色发展先行区、三链同构示范区等，连点成面，以"藏粮于地、藏粮于技"确保粮食安全底盘稳固和郑州大都市发展物质基础牢靠。

四是打造黄河南岸高端智能制造产业体系，实现科技支撑引领河南高质量发展。以郑州大都市区为基，将郑州、开封、许昌三个市区划为黄河南岸区，此三个市区常住人口约占全省的20.1%，生产总值约占全省的31.0%。未来黄河南岸三个市区生产总值只有明显提升，才能与郑州大都市区推进相匹配。高端智能制造产业体系，以5G信息化为支撑，大力发展生物科技产业、新型材料及新能源产业、电商物流产业、大数据产业、金融产业、会展经济产业、教育文化产业等领域，实现科技支撑引领河南高质量发展。

五是提升郑州大都市区空间规划，形成"一核四圈"聚力发展格局。在当前郑州大都市区空间范围基础上，增加焦作、新乡、开封、长垣、兰考等沿黄河县（市），形成依托黄河轴线，以郑州主城区为核心，郑焦、郑新、郑汴、郑许城市圈协同并进的"一核四圈"大都市发展空间格局，在新型城乡融合、三产融合、新兴业态培育等方面率先垂范，支撑郑州国际大都市发展。

（2）豫鲁联动的政策启示

豫鲁两省在黄河中下游滩区高质量发展方面有共性问题：黄河滩区土地权属性质纷争、滩区可耕地利用形式纷争、黄河滩区防洪标准不明确等问题。针对豫鲁两省在黄河流域生态保护和高质量发展上尚存共性问题，2019年9月18日，习近平总书记在河南主持召开黄河流域生态保护和高质量发展的专题座谈会，指出"治理黄河，重在保护，要在治理""加强对黄河流域生态保护和高质量发展的领导""抓紧开展顶层设计""加强重大问题研究""着力创新体制机制""让黄河成为造福人民的幸福河"。这些重要指示为河南省、山东省协同一道治理好黄河、加快黄河中下游滩区高质量发展提供千载难逢的机会。基于此，围绕习近平总书记重要讲话精神、结合豫鲁黄河滩区综合利用现状，在豫鲁联动加快黄河中下游滩区高质量发展方面做出以下思考。

一是制定滩区防洪安全标准，划定生态生产生活用地。国家发展改革委等国家部委，结合黄河水文特征、流域资源禀赋以及黄河综合治理利用等情况，制定滩区防洪安全标准，测算出滩区复耕土地受灾概率，并协同各省区政府部门尽快划定黄河生态保护用地、沿黄乡村产业发展用地、群众生活用地（城乡）范围，并明晰各种用地权属关系。

二是部门协同联动，探索跨区域滩区复耕土地综合利用先行试验区。豫鲁两省相关部门协同联动，并结合当地滩区复耕土地实际利用情况，初步划定综合利用示范区，先行探索黄河滩区生态环境保护、高端农业业态发展、乡村产业发展路径、乡村集体经济发展、土地流转模式创新、基础设施升级等高质量发展重大问题，为未来黄河流域生态保护和高质量发展的路径实现提供地方经验。

三是完善管理协调组织体系，创新跨区域黄河治理协同机制。健全黄河治理法规完善机制，尽快将《中华人民共和国土地管理法》《中华人民共和国防洪法》《中华人民共和国基本农田保护条例》《关于全面推行河长制的意见》等法律文件、部门法规、政策文件与《河南省黄河河道管理办法》《黄河流域综合规划（2012—2030年）》等地方条例、中长期规划进行有机衔接。建立信息共享共建机制，通过数据库将水利部黄河水利委员会、国家发展改革委、沿黄省份等相关部门紧密联系，共享共建综合利用信息。建立预警机制，将河长制、湖长制组织体系有效嵌入跨区域管理协调组织体系中，加强流域内水生态环境保护修复联合防治、联合执法，对不符合规定的滩区利用行为进行及时的风险预警，防止"四乱"，也避免定性不清、劳民伤财。建立重大问题专项研究机制，黄河流域生态保护和高质量发展是一个复杂的系统工程，跨区域跨部门协调难度较大，很多机制创新需要探索，对于一些重大的、应急的涉及民生的问题，需要有专业人士、专业团队进行研究，有关部门要给予配套支持。

四是强化数据支撑，建立基于智慧网络的多维度河道传感水文水质检测系统。联合黄河水利科学研究院、中国科学院及黄河流域水文环境监测站点等技术单位，建立基于智慧网络的多维度河道传感水文水质检测系统，对黄河生态环境脆弱河段水质进行实时动态监测，并为相关职能部门的顶层设计提供技术参考。

参考文献

[1] 段沛.黄河下游滩区三滩分区治理"三滩"控制参数计算方法及应用[D].咸阳：西北农林科技大学，2023.

[2] 周雨婷.嵌入性理论视角下易地搬迁移民社区治理路径研究[D].成都：电子科技大学，2024.

[3] 袭亮，吕军.社区发展理论视角下城市棚户区改造的思考[J].中共济南市委党校学报，2013（03）：98-101.

[4] 任颖脱.政府治理视角下黄河下游防洪工程建设移民安置问题研究[D].郑州：华北水利水电大学，2020.

[5] 陈经伟，相倚天.易地扶贫搬迁在实践中推进经济理论创新[J].宏观经济管理，2021（09）：51-57.

[6] 郑国楠.我国易地扶贫搬迁对可持续生计理论的深化与发展研究[J].经济研究参考，2022（04）：55-63；140.

[7] 石碧华.黄河流域高质量发展的时代内涵和实现路径[J].理论视野，2020（09）：61-66.

[8] 吴朋飞.黄河流域滩区移民迁安模式及对河南黄河滩区扶贫搬迁的启示[J].三门峡职业技术学院学报，2015，14（01）：125-130.

[9] 黄河三门峡水利枢纽志编纂委员会.黄河三门峡水利枢纽志[M].北京：中国大百科全书出版社，1993：169-174.

[10] 刘新芳，解新芳，王鲜苹，等.亚洲开发银行贷款黄河洪水管理项目移民实施管理中的若干问题[J].水利经济，2002（05）：38-41.

[11] 张俊峰.亚行贷款黄河防洪项目管理与创新[J].人民黄河，2008（11）：6-7；9.

[12] 王科新.长平黄河滩区安全工程与新农村建设研究[C]//中国水利学会.2013年学术年会论文集摘要[M].北京：中国水利水电出版社，2013：13-16.

[13] 左萍，杨建设，焦莉莉，等.黄河下游滩区居民外迁可行性分析[J].人民黄河，2011，33（10）：11-13.

[14] 周淑娟，牟芳.东明黄河滩区安全建设情况调查简析[J].科技信息，2011（21）：288；313.

[15] 中国科学院学部.关于黄河下游滩区安全和发展的对策与建议[J].中国科学院院刊，2008，23（02）：153-155；167.

[16] 秦明周，张鹏岩，赵自胜，等.开封市黄河滩区土地资源规避洪水风险的安全利用[J].地理研究，2010，29（09）：1584-1593.

后　　记

"逝者如斯夫，不舍昼夜"，蓦然回首，博士后研究历程已结束，但又似曾昨日，历历在目。

2018年8月，在河南省农业科学院副院长乔鹏程亲切关怀和鼎力支持下，我顺利走进农科院，走进农业经济与信息研究所，进行博士后研究工作，并由农信所党委书记、二级研究员田建民担任合作导师。

回想这5年，不禁思绪万千，有研究过程中的种种不易和困惑，更有收获知识的喜悦与欣慰，但无论如何，能够顺利走到现在，与河南省农科院、工作单位、家庭、社会的帮助和支持密不可分。

河南省农科院是河南省农业科研领域的顶尖研究机构，至今已有110多年建院历史，先后从这里走出多名院士；百年沧桑的深厚底蕴，学术气息浓郁的环境，为我的科研提供了舒适空间。同时，农科院始终以服务"三农"为己任，始终聚焦河南农业农村发展的重大科技需求，这使我更加坚定了学习"三农"、了解"三农"、服务"三农"的信念。也正因此，我以黄河滩区居民迁建为研究起点，又延伸至乡村全面振兴、黄河流域生态保护和高质量发展等领域，围绕国家战略和民生需求，研究至今，形成本研究报告。

在这5年多时间里，乔院长多次带队深入调研，时常关注科研动态，及时给予中肯建议，关键时候给予支持；田书记对课题研究的指导不计其数，每当研究遇到瓶颈，我们就促膝长谈，用书记从思想、思路、方法以及数据获取等方面给予悉心指导，开阔我的研究视野、开悟我的心智；此外，在我与恩师相处的岁月里，品行高雅、学识渊博、虚怀若谷、与人为善、克己奉公的他们，是我终身学习的榜样。同时，他们以德高身正的先生之范、嘉言懿行的长者之风，如春风化雨般浸润、滋养我踔厉奋发。在此，以真诚言语拜谢恩师。

在这5年多时间里，我们多次深入长垣、兰考等10个河南境内以及长清、东平等多个山东境内的黄河流域县（市、区）调研、探讨、交流。由衷感谢省农科院农业经济与信息研究所滕永忠、孟俊杰、上官彩霞、杜涛、张伟、景丽参、王静、孟瑶和王瑛，研究所郑国清、刘海礁所长，张颖、孙建军等同志在基层调研、报告撰写、数据处理等方面的大力支持、帮助和指导。感谢省农科院人事组织处孙文喜、吴寅、李莉等同志，对在站期间科研督促、人事关系办理方面的帮助。

感谢河南牧业经济学院褚素萍、杜玲、谢文峰带领学生利用假期及周末等业余时间，走街串户，耐心解释农户问卷，从数据录入到统计分析，做了大量基础性工作，为课题研究提供了数据支撑；感谢该校吴静、曾梦杰、肖鸿燚、陈科、朱熙宁等博士人员深入武陟、兰考调研，参与案例撰写；感谢该校人事处、科研处的帮助和支持。感谢河南省农业科学院农业项目咨询有限公司总经理吴铁柱高级工程师、孙佳杰等同志在范县案例编写方面给予的技术支持。同时，感谢河南师范大学侯宏伟博士、河南科技大学马培衢教授等老师，对报告数据分析的鼎力支持。特别感谢河南大学吴朋飞教授，在黄河滩区移民迁安模式及启示这一章节中的贡献。

感谢时任河南省委常委、常务副省长翁杰明同志，时任河南省扶贫办副主任、驻村第一书记吴树兰同志，河南省发展改革委、科技厅、财政厅、扶贫办，河南省黄河滩区居民迁建领导小组，山东省推进黄河滩区脱贫迁建专项小组对本课题研究给予的高度重视和大力支持；感谢河南省人民政府发展研究中心郑广建、《农村·农业·农民》杂志社原总编杨秋意、黄河水利科学研究院田勇研究员等领导同志对本报告提出的宝贵意见及数据支持。

非常感谢河南省和山东省相关县（市、区）政府、迁建小组以及农业农村局等给予的鼎力支持。

之所以能够专心投入该课题研究，感谢家人给我提供坚强的后勤保障。感谢父母的默默关心和鼓励，坚定我继续研究的信心。感谢夫人，在我进行博士后工作期间，用实际行动给予我鼎力支持，不仅在课题研究方面能及时提出不同意见和建议，而且把家庭照顾得井井有条，使我有更多精力和时间潜心研究。感谢膝下二子，敦墩和宓米，总是以"小大人"的视角给我惊喜，无形鞭策我砥砺前行，增添我攻坚克难的动力。

在此，对本研究开题、结项和本报告编著成书的评审专家、编校出版人员，对本项目给予支持的未列名的相关领导、专家、同事、朋友，一并致以衷心的感谢！

尽管在课题研究中力求理论与实践紧密结合，立足于充分、广泛的社会调查，积极跟踪、深入分析现实的发展及政策需求，以支持政策建议的针对性、合理性和可操作性，在成书立著过程中多次进行修改和完善，然而，疏漏及不妥之处在所难免，恳请广大读者批评指正！在此，也提前一并表示感谢！